Thomas von Aquin

Was ist Metaphysik?

Kommentar zu Aristoteles' *Metaphysik.*

1. und 2. Buch

Deutsch – Lateinisch

EDITIONES SCHOLASTICAE

Reihe

LECTIONES THOMISTICAE

Herausgegeben von

Klaus Obenauer

Thomas von Aquin

Was ist Metaphysik?

Kommentar zu Aristoteles' *Metaphysik.*
1. Buch 1-3 und 2. Buch 1-2
Deutsch – Lateinisch
Aus dem Lateinischen übersetzt
von Christian Mohr

EDITIONES SCHOLASTICAE

Bibliographic information published by Deutsche Nationalbibliothek
The Deutsche Nationalbibliothek lists this publication in
the Deutsche Nationalbibliographie;
detailed bibliographic data is available in the Internet at http://dnb.ddb.de

53819 Neunkirchen-Seelscheid
www.editiones-scholasticae.de

ISBN 978-3-86838-597-7
2021

Thomas von Aquin
Kommentar zu Aristoteles‘ *Metaphysik.*
1. Buch 1 – 3 und 2. Buch 1-2

Inhaltsverzeichnis

Sancti Thomae de Aquino
Sententia libri Metaphysicae
Liber 1, 1-3 et Liber 2, 1-2

Vorwort des Herausgebers

Des heiligen Thomas von Aquin Kommentar („sententia“) zu den Metaphysikbüchern des Aristoteles: ein Klassiker der Philosophiegeschichte legt den anderen aus. Besser: er eignet sich ihn, in re-flexiver Durchartikulation, an. Und so entsteht etwas Eigenes, das jedoch den Durchblick auf die zu kommentierende Vorlage belässt.

Nun: Ein Kommentar zum Kommentar? Das ist aufgrund des komplexen Ineinanders von Auslegung und Systematik ziemlich untunlich; zumal es schon nicht einfach ist, Thomas‘ äußerst detaillierte Stoffgliederung der Vorlage, die er immer wieder eingangs vornimmt („divisio textus“), im Auge zu behalten. – Und so verdient es das Kommentarwerk des Aquinaten, erst einmal für sich selbst zu sprechen. Dank der Initiative von Dr. Rafael Hüntelmann ist dies nun für den ersten Teil des Thomaskommentars zum ersten Metaphysikbuch ermöglicht worden; ermöglicht worden für den deutschsprachigen Leser, wofür wir den Übersetzern ganz herzlich danken. Weitere Bände sollen folgen. Wie der vorliegende werden sie den Text in lateinischer *und* deutscher Sprache anbieten. In einem Umfang von jeweils ca. 150-200 Seiten wollen wir den Leser mit Thomas‘ Metaphysikkommentar vertraut machen.

Die *Übersetzungen* stellen eigenständige Leistungen ihrer Urheber dar, welche von der Mühe der (wenn möglich) Konsultation des lateinischen Originals nicht dispensieren. Die unterschiedlichen Persönlichkeiten der „Interpreten" lassen Homogenität nur innerhalb der von ihnen verantworteten Partien zu. Und interpretative Vielfalt in der Übersetzung ist einer so anspruchsvollen Materie wie Metaphysik durchaus angemessen. Die Übersetzer verdienen Anerkennung für die Arbeit, die sie geschultert haben.

Worum geht es in der „Metaphysik"?

Nichtsdestotrotz für die uneingeweihten Leser ein paar Hinweise, worum es in der „Meta-physik" nach dem Stagiriten beziehungsweise dessen Aneignung durch den Aquinaten geht:

Am besten, wir erkundigen uns dazu beim Vorwort („prooemium"), das der heilige Thomas seinem groß angelegten Kommentarwerk vorangestellt hat, eine magistral-knappe Zusammenfassung dessen, worum es in der Unternehmung „Metaphysik" geht. Thomas nimmt den Einstieg mit einer kleinen, wie wir heute sagen würden, wissenschaftstheoretischen Erwägung. Die Frage: Wie kommt Ordnung in das Gesamt der Wissenschaften? Die Antwort: Es gibt eine Art Leitwissenschaften für alle anderen („aliarum omnium rectrix"), welche aus diesem Grunde höchst einsichtshaft („maxime intellectualis") sein muss und den Namen „Weisheit" („sapientia") trägt; nach dem Grundsatz, dass es am Weisen liegt, Ordnung zu stiften („sapientis est ordinare").[1]

Die höchste Einsichtshaftigkeit, „Intellektualität" dieser Wissenschaft zeigt sich Thomas zufolge zumal daran, dass sie, in maximaler Abhebung von der auf das Partikuläre gehenden sinnenhaften Erkenntnis, sich auf das Universalste richtet, das Seiende-im-allgemeinen („ens commune vel universale") – das Seiende als solches („ens inquantum ens") ist ihr Gegenstand („subiectum"). Damit erweist sie sich als *Universalwissenschaft* in Abhebung von den „scientiae particulares", den Einzelwissenschaften, wie wir heute sagen. Sie sucht also den gemeinsamen Inhalt in allen Inhalten, der nun einmal ganz grundlegend mit „Seiendes" gefunden wird. – Wohlgemerkt: jede Wissenschaft geht auf Allgemeines; aber diese, die den Namen „Weisheit" trägt, geht auf das Umfassendste, das nämlich die Begriffsauflösung („resolutio") als Implikation *jeden* Begriffs freilegt.[2] Damit legt sie, um es in der

---

[1] Von der Sonderstellung der sich auf die göttliche Offenbarung stützenden „sacra doctrina", der Theologie, ist hierbei freilich abgesehen. Zu den diesbezüglichen Abgrenzungen siehe bei Thomas: *STh* I, 1,1.

[2] Vgl. *DeVeritate* 1,1.

Sprache des zwanzigsten Jahrhunderts[3] zu sagen, den *grenzenlosen Horizont* frei, in dem sich unser Intellekt immer schon bewegt.

Hierbei insistiert diese Universalwissenschaft nicht einsilbig auf der Auflösbarkeit jeden Verstandesgehaltes, jeden Begriffs in „Seiendes"; sie arbeitet auch die grundlegendsten Bestimmungen des Seienden-im-allgemeinen heraus, die in alle (durch die „Kategorien" benannten) Seinsweisen eingehen, um diese gleichsam zu durchwandern, zum Beispiel „eines und vieles". Thomas spricht im Anschluss an Aristoteles von den „per se accidentia entis"[4], also von jenen „wesensentfließenden" Weiterbestimmungen[5], die dem Seienden *als* solchem zukommen[6]. Man sieht deutlich: Obgleich eine Kongruenz nicht besteht, so erweist sich, zumal im Licht der Kommentierung durch Thomas, Aristoteles' Metaphysik als Anbahnung der spätere Lehre über die *Transzendentalien* („transcendentia"): Demnach ist

---

[3] Wie insbesondere im Transzendentalthomismus im Gefolge von Husserl und Heidegger. Siehe u.a.: *E. Coreth*: Metaphysik, Innsbruck [3]1980, 98-100,120-131.

[4] Dazu u.a.: *InMet* III,2,8sq.; IV,1,3; IV,2,12; IV,4,2; IV,4,17; VI,3,30.

[5] Und zwar in diesem Fall *prinzipiell* nur der *logischen* Ordnung nach.

[6] Und zwar dem „Seienden als solchem" *absolut* oder *im Verhältnis* zu anderem; beziehungsweise *im einzelnen* oder *nach unterschiedenen Vorkommnissen*. Diese „wesensentfließenden Weiterbestimmungen" sind wie z.B. „notwendig oder kontingent" (cf. VI,3,30) auch alternativischer Natur.

ein jedes Seiendes[7] ein Gehalthaftes („res“), ein Eines, ein Etwas, ein Wahres und Gutes.[8]
Die universalsten und grundlegendsten Gehalte, in die hinein alle Begriffe „aufgelöst“ werden und welche die Metaphysik ausdrücklich identifiziert, wie allem voran „ens“, erweisen sich schließlich als solche, die ein Vorkommen jenseits materiell-körperlicher Verfasstheit zulassen.[9] Und damit sind wir bei der Dimension der *separierten*, der Materie enthobenen *Substanz*, zumal bei *Gott*, angekommen. Gott ist die *erste äußere Ursache* des Seienden-im-allgemeinen[10]: und *als* solcher kommt er nach Thomas (im Anschluss an Aristoteles) ins Spiel im Rahmen der Metaphysik, weshalb diese auch *„erste Philosophie“* und schließlich *„(natürliche) Theologie“* genannt wird.

---

[7] Insoweit es ein solches ist.

[8] Zu dieser Aufzählung vgl. *DeVeritate* 1,1. – Zur *Geschichte* der Transzendentalienlehre: *Jan A. Aertsen*: Medieval Philosophy and the Transcendentals. The case of Thomas Aquinas, Leiden 1996, bes. 25-70. – Zur Präsenz der Transzendentalienspekulation in Thomas‘ Metaphysikkommentar siehe u.a.: *InMet* II,2,6/9/10; IV,2 (bes.6); X,1. – Zu „eines und vieles“ siehe *DePotentia* 9,7 sowie *STh* I, 30,3. Vgl. *Aertsen*, loc. cit., 218-231.

[9] Vgl. dazu *STh* I, 85,1 ad2.

[10] Gott begegnet bei Thomas als *Ursache* des ‚ens commune‘; die analoge Prädizierbarkeit von „ens“ („per essentiam“ versus „per participationem“), nämlich von Gott und vom Geschöpf, begründet keine Subsumierbarkeit Gottes unter das ‚ens commune‘: u.a. *Contra-gentes* III,25; *InMet*, prooem. S. Thomae; *STh* I, 4,3; I/II, 66,5 ad4; vgl. auch I, 79,2.

Metaphysik ist also *Universalwissenschaft und Erstursachenerforschung* in einem: das Seiende-im-allgemeinen wird nach seinen Ursachen befragt. Die enge Verknüpfung der Rückführung („resolutio") auf den grundlegendsten Gehalt in allen Begriffen (s.o.) und der Ursachenerhebung erhellt umso mehr mit Blick auf die Gesamtpalette der klassisch mit Aristoteles aufgezählten Ursachentypen[11]: Zielursache und Wirkursache („äußere Ursachen") einerseits und *Formal*- und Materialursache („innere Ursachen") andererseits. „Seiendes *als* Seiendes": die Frage danach ist schon die Frage nach dem, was (Wirklich-)Seiendes *zu einem solchen macht*, und so eben nach der Form und, noch grundlegender, nach dem *Akt* als dem „inneren Verwirklicher" (des Seienden als solchen). Das große Thema „Wirklichkeit und Möglichkeit, innere Bestimmung und Anlage dazu" ist ein prinzipales Thema der Metaphysik.[12] – Schließlich gehört es zum Geschäft der Metaphysik als Wissenschaft vom Seienden als solchem, letzteres zu deklinieren nach dessen Vorkommen durch die zehn Kategorien hindurch; allem voran im Gefälle von *Substanz und Akzidens*.[13]

---

[11] Einschlägig u.a.: *InMet* II,2-4.

[12] Zu Akt und Potenz: *InMet* IX.

[13] Einschlägig: *InMet* VII u. VIII sowie XII.

Die Betrachtung der ersten und universalsten Ursachen ist es nun, welche sich insbesondere mit dem Begriff der Weisheit verbindet.[14] Eine gewisse Bescheidung im Selbstanspruch dieser Wissenschaft bringt es dann mit sich, dass sie dann doch nur „Philo-sophie" genannt wird bzw. ihre Vertreter „Philo-sophen": Liebhaber der Weisheit.[15]

In der dritten Lektion des im vorliegenden Bändchen veröffentlichten (ersten Teils des) Thomaskommentars zum ersten Metaphysikbuch wird sodann die Wie-Beschaffenheit der in Angriff genommenen Weisheitswissenschaft näher thematisiert: Sie ist eine *theoretische* statt praktische Wissenschaft („scientia speculativa et non activa"). Dazu wird auf die Selbstzwecklichkeit dieses Unternehmens verwiesen: Es geht darin um das Wissen um des Wissens willen. Denn wer diese Wissenschaft betreibt, setzt sich zum Ziel, der Unwissenheit zu entrinnen. Hierbei wird an den geistesgeschichtlich zentralen *Konnex von Philosophie und Staunen* angeknüpft: Phänomene und Gegebenheiten werden uns insofern fraglich („dubitabilia"), als (sie sich als begründungsbedürftig erweisen und) wir deren Gründe nicht kennen: und so ist unser Verhältnis zu

---

[14] Dazu u.a.: *STh* I/II, 57,2; II/II, 45.

[15] Dazu knapp unter *InMet* I,3,5.

den uns (noch) unbekannten Ursachen durch das Staunen („admiratio“) bestimmt; entsprechend ist Ziel der Philosophie das Aufheben des Staunens in das Wissen um die Ursache. – Dementsprechend: Die *Sicherheit* („certitudo“), die *aus* der Kenntnis der Ursachen bezogen wird, mithin die höchste Gewissheit aus der Kenntnis der höchsten Ursache[16], darf nicht dahingehend missverstanden werden, als sei *für uns* („quoad nos“) die Kenntnis der äußeren universalen Ursache, nämlich Gott, früher als die der partikulären[17]. Jedoch: Die eigentümliche Fraglichkeit („dubitabilitas“) bestimmter, nämlich aus sich nicht verständlicher und daher das Staunen provozierender, Gegebenheiten findet erst mit der Entdeckung der Ursache ihre Aufhebung in die Fraglosigkeit.[18]

Im Gefolge der Auseinandersetzung mit dem transzendentalen Idealismus *Immanuel Kants* hatte es sich im scholastischen Lehrbetrieb eingebürgert, der „metaphysica generalis“ sozusagen als Prolegomena eine *Erkenntniskritik* voranzustellen beziehungsweise als deren erster Teil einzugliedern; dies mit dem Zweck, die *Verlässlichkeit* unserer Erkenntnis in puncto Erreichung des *An-sich*-Seins auszuweisen. Von Aristoteles wie auch von Thomas dürfen wir so etwas noch nicht erwarten. Aber immerhin: Die Auseinandersetzung

---

[16] *InMet*, Prooemium S. Thomae.

[17] Vgl. *InMet* I,2,11

[18] Vgl. *InMet* I,3,3/15.

mit den sophistischen Bestreitern des Nichtwiderspruchprinzips bzw. deren Referat[19] hält wichtige Hinweise bereit. Durchaus von Aktualität ist der extreme Subjektivismus eines *Protagoras*[20]: Dessen Position wird so wiedergegeben, dass das Wahr-Sein eines Sachverhaltes sich auf dessen Erscheinen-für-jemanden reduziert: Wenn jemandem erscheint, dass der Mensch eine Galeere sei, dann ist dem so; und umgekehrt. Demnach ist also, absurderweise, Sich-Widersprechendes dennoch beides wahr. In diesem Reduktionismus eines Protagoras finden wir die postmoderne Paralysierung des An-sich-Geltenden in das Für-mich deutlich vorgezeichnet. Entsprechend nicht minder aktuell die Auseinandersetzung des Stagiriten damit und deren Referat durch den Aquinaten: Möglichkeitsbedingung für den Nichtwiderspruch, der sowohl inter- als auch intra-subjektiv normativ ist, ist das Richtmaß des An-sich-Seins.

[19] Siehe *InMet* IV,7-9.
[20] Vgl. *InMet* IV,8,2.

Warum also diese Buchreihe?

Nun: Motiviert ist das Unternehmen durch ein Vorschussvertrauen in die Leistungsfähigkeit der Metaphysik des Aristoteles und deren eigenständiger Anverwandlung durch den Aquinaten. Dieses Vertrauen kann hier nicht eigens gerechtfertigt werden. – Und da wir Philosophen beziehungsweise philosophisch Interessierte im Blick haben, lag es nahe, dem Leser die Metaphysik des Aquinaten durch dessen Aristoteleskommentar nahezubringen, da wir es mit einer geschlossenen Abhandlung rein philosophischen Charakters zu tun haben; im Unterschied etwa zu den großen Summen (der Theologie und „gegen die Heiden"). Das vorliegende Bändchen der projektierten Reihe stellt dazu die Ouvertüre dar.

Um jedoch Missverständnisse und falsche Erwartungen auszuschließen: Thomas' *Kommentar* zu Aristoteles ist kein Metaphysiklehrbuch, „wo man alles nachschlagen kann". Vieles, was für die Ontologie des Aquinaten prägend ist, wie zum Beispiel die zentrale Stellung des Seinsaktes, ist andernorts weit ausführlicher entfaltet. Jedoch ist die an Aristoteles' Vorgabe orientierte Stoffentfaltung eine ausgesprochene Fundgrube zum eingehenderen Verständnis bestimmter Basisinhalte und Problemfelder, deren Kenntnisse in den anderen Loci oft mehr vorausgesetzt als eingehend vermittelt wird: wie z.B. Analogie, Substanz und Akzidens, Eines und Vieles.

Und deshalb: die Auseinandersetzung eines Klassikers der Geistesgeschichte mit einem anderen über die Spanne von etwas mehr als einem anderthalb Jahrtausend hinweg lohnt der Mühe. Sie ist überaus geeignet, Sehnsucht „nach mehr“ zu wecken, das natürliche Verlangen nach Wissen, um das es zum Eingang des hier präsentierten Teils geht, anzusprechen.

1. Buch

1. Lektion

Die Würde und der Gegenstand dieser Wissenschaft[1]

1 Dieser Wissenschaft stellt Aristoteles ein Vorwort voran, in dem er zweierlei behandelt: Zunächst zeigt er, was diese Wissenschaft behandelt, dann, welcher Art diese Wissenschaft ist („quia vero non activa"). Den ersten Punkt betreffend tut er zweierlei: Zunächst zeigt er, dass es Aufgabe dieser Wissenschaft ist, die Weisheit genannt wird, über die Ursachen nachzudenken; dann welche Ursachen bzw. Ursachen welcher Art sie betrachtet („quoniam autem scientiam hanc"). Dem ersten dieser Punkte stellt er Überlegungen voran, von denen aus er auf seine These hinarbeitet. Im Anschluss zieht er die Schlussfolgerung aus dem zuvor behandelten („cuius autem gratia nunc"). Beim ersten Punkt tut er zweierlei: Zuerst zeigt er die Würde der Wissenschaft im Allgemeinen. Darauf beschreibt er die Ordnung in der Erkenntnis („animalia quidem igitur"). Die Würde

---

[1] Die Zwischenüberschriften wurden vom Verlag eingefügt. Sie orientieren sich an der amerikanischen Übersetzung.

der Wissenschaft zeigt er aber dadurch, dass sie von Natur aus von allen als Ziel angestrebt wird. Deshalb tut er hierbei zweierlei: Zunächst legt er die These vor und begründet sie dann („signum autem"). Zuerst stellt er aber die These auf, dass einem jeden Menschen von Natur aus das Streben nach Wissen innewohnt.

2 Die Begründung dafür kann auf drei Wegen geschehen: Zuerst jedenfalls, weil eine Sache von Natur aus ihre eigene Vollkommenheit anstrebt. Deshalb sagt man auch, dass die Materie die Form erstrebt, wie das Unvollkommene seine Vollkommenheit erstrebt. Da aber der Verstand, durch den der Mensch ist, was er ist, für sich betrachtet der Möglichkeit [Potenz] nach alle Dinge ist, und in die Wirklichkeit [Akt] all dieser Dinge nur durch das Wissen überführt wird (weil er ja nichts von den Dingen ist, die es gibt, bevor er sie erkennt, wie es im dritten Buch über die Seele gesagt wird), strebt ein jeder das Wissen an, wie die Materie die Form.

3 Ein zweiter Grund ist, dass eine jede Sache einen natürlichen Hang zu ihrer eigentümlichen Betätigung hat, so wie eine warme Sache zum Erwärmen geneigt ist und das Schwere zum Fall. Die eigentümliche Betätigung des Menschen, insofern er als Mensch betrachtet wird, ist das Erkennen mit der Vernunft. Dadurch unterscheidet er sich nämlich von allen anderen Wesen. Daher neigt der Mensch von Natur aus

zur vernünftigen Erkenntnis und folglich zum Wissen.

4 Ein dritter Grund ist, dass es für eine jede Sache erstrebenswert ist, mit ihrem Ursprung vereint zu werden; darin besteht nämlich ihre Vollkommenheit. Deshalb ist auch die Kreisbewegung die vollkommene Bewegung, wie es im achten Buch der Physik bewiesen wird, weil sie das Ziel mit dem Ursprung verbindet. Mit den von der Materie getrennten Wesenheiten, die die Ursprünge der menschlichen Erkenntnis sind und zu denen sich der menschliche Verstand wie das Unvollkommene zum Vollkommen verhält, wird der Mensch nur durch den Verstand vereint: daher besteht darin auch zuletzt das Glück des Menschen. Und so strebt der Mensch von Natur aus das Wissen an. Dem widerspricht nicht, dass manche Menschen der Wissenschaft keine Zeit widmen, da sie häufig, die sie ja ein Ziel anstreben, von dessen Verfolgung aus irgendeinem Grund abgehalten werden, ob es nun die damit verbundene Schwierigkeit sei oder die Nöte dieses Lebens, oder ob sie sogar aus Faulheit die Mühe des Lernens scheuen. So mögen zwar alle Menschen nach Wissen begehren und sich doch nicht alle dem Studium er Wissenschaft widmen, weil sie von anderen Dingen davon abgehalten werden, sei es nun von den Begierden, von den Nöten des Alltags, oder weil sie aus Faulheit die Mühe des Lernens meiden. Das aber stellt Aristoteles voran, um zu zeigen, dass es nicht sinnlos ist, eine Wissenschaft, die nicht für etwas

anderes nützlich ist, zu betreiben, wie es hier der Fall ist, da ein natürliches Streben nicht sinnlos sein kann.

5 Schließlich zeigt er, was er als These vorgelegt hat, durch ein Zeichen: Denn wenn die Sinne uns zu zwei Dinge dienen, nämlich zur Erkenntnis der Dinge und zum Nutzen im Leben, werden sie von uns geschätzt um ihrer selbst willen – insofern sie zur Erkenntnis dienlich sind – und auch deswegen, weil sie zum Erhalt des Lebens beitragen. Und das ist klar daraus ersichtlich, dass jener Sinn am meisten von allen geschätzt wird, der am meisten der Erkenntnis dient, nämlich das Sehen, das wir nicht nur schätzen, wenn wir etwas tun müssen, sondern auch, wenn es nichts zu tun gibt. Der Grund dafür ist, dass dieser Sehsinn uns von allen Sinnen am meisten erkennen lässt und uns die meisten Unterschiede zwischen den Dingen darstellt.

6 Offensichtlich ist hierbei, dass der Sehsinn gegenüber den anderen Sinnen zwei herausragende Vorteile hat: Einen freilich, weil er auf vollkommenere Weise erkennt; und das kommt diesem Sinn zu, weil er von allen Sinnen am geistigsten ist. Denn umso weniger materiell das Erkenntnisvermögen ist, desto vollkommener ist es beim Erkennen. Dass aber der Sehsinn in höherem Maße geistig ist, wird offensichtlich, wenn man seine Veränderung bedenkt, bei der er durch ein Objekt verändert wird. Denn wenn alle anderen wahrnehmbaren Dinge ein Organ oder

Mittel des jeweiligen Sinnes auf materielle Weise verändern - wie der Gegenstand des Tastsinns durch Erwärmen und Kühlen, der des Geschmackssinns durch die Beeinflussung des Geschmacksorgans durch irgendeinen Geschmack mit Hilfe des Speichels, der des Gehörsinns durch eine körperliche Bewegung und der des Geruchssinns durch das Verströmen des Dunstes -, so verändert allein der Gegenstand des Sehsinns ein Organ oder Mittel nur durch geistige Beeinflussung. Denn weder wird die Pupille, noch die Luft gefärbt, sondern nehmen nur die Erkenntnisform der Farbe durch deren geistige Seinsweise auf. Weil also die Sinneswahrnehmung in der tatsächlichen Veränderung des Sinnes durch das Objekt besteht, ist es offensichtlich, dass der Sehsinn auf eine geistigere Weise wirkt, da er weniger materiell und dafür mehr auf geistige Weise beeinflusst wird. Und somit urteilt der Sehsinn sicherer und auf vollkommenere Weise über die wahrnehmbaren Dinge als die übrigen Sinne.

7 Einen weiteren Vorteil besitzt er aber, weil er uns mehr Dinge zeigt. Das ergibt sich schon aus dem Wesen seines Gegenstands. Tast- und Geschmackssinn nämlich, und ebenso Geruchs- und Hörsinn sind zur Erkenntnis jener Akzidentien fähig, durch die die Körper niederer Ordnung sich von denen höherer unterscheiden. Der Sehsinn aber ist fähig zur Erkenntnis jener Akzidentien, in denen die niederen Körper mit den höheren übereinstimmen. Denn

tatsächlich sichtbar ist etwas durch das Licht, in dem die niederen Körper etwas mit den höheren gemeinsam haben, wie es im zweiten Buch von der Seele gesagt wird. Und so sind auch die Himmelskörper allein für den Sehsinn wahrnehmbar.

8 Ein weiterer Grund ist, dass der Sehsinn mehr Unterschiede zwischen den Dingen aufzeigt, da wir die wahrnehmbaren Körper vor allem durch Sehen und Tasten zu erkennen scheinen, und dabei in höherem Grade durch das Sehen. Der Grund dafür kann im Folgenden gefunden werden: Die anderen drei Sinne sind in Bezug auf das zur Erkenntnis fähig, was von einem wahrnehmbaren Körper ausgeht, aber nicht in diesem besteht: Wie der Ton vom wahrnehmbaren Körper ausgeht, und zwar ausgehend und nicht in ihm bleibend. Und ebenso die Ausdünstung, mit der und aus der der Geruch verteilt wird. Der Seh- und Tastsinn aber nehmen die Akzidentien wahr, die den Dingen selbst innewohnen, wie Farbe, Wärme und Kälte. Deshalb erstreckt sich das Urteil des Seh- und Tastsinns auf die Dinge selbst, das Urteil des Hör- und Geruchssinns aber auf das, was von den Dingen ausgeht, nicht auf die Dinge selbst. Darauf beruht es auch, dass die Gestalt und die Größe und Dinge dieser Art, durch die die wahrnehmbare Sache selbst bestimmt wird, in höherem Maße durch Sehen und Tasten als durch die anderen Sinne wahrgenommen wird. Und dann noch mehr durch den Seh- als den

Tastsinn, zum einen, weil das Sehen eine größere Wirksamkeit bei der Erkenntnis hat, wie es bereits dargestellt wurde, und dann, weil das Ausmaß und was auf es folgt, was für die Sinne im Allgemeinen wahrnehmbar zu sein scheint, sich als näher dem Objekt des Seh- als dem des Tastsinns verhält. Das wird daraus ersichtlich, dass das Objekt des Sehsinns auf irgendeine Weise auf einen Körper mit Ausmaß bezogen ist, nicht aber das Objekt des Tastsinns.

9 Dann, wenn er „animalia quidem" sagt, fährt er fort mit der Behandlung der Ordnung der Erkenntnis. Dabei behandelt er zunächst die Tiere, dann die Menschen („alia quidem igitur"). Bei den Tieren behandelt er zunächst das, worin alle Lebewesen übereinstimmen, dann das, worin sie sich unterscheiden und gegenseitig übertreffen („ex sensibus"). Alle Lebewesen haben aber gemeinsam, dass sie Sinne haben. Denn daher ist ein Lebewesen ein Lebewesen, weil es eine zur Wahrnehmung fähige Seele hat, die das Wesen des Lebewesens ist, so wie die einem jeden Ding eigene Form sein Wesen ist. Insofern aber alle Lebewesen von Natur aus einen Sinn haben, haben sie doch nicht alle alle Sinne, sondern allein die vollkommenen. Alle haben aber den Tastsinn. Dieser ist nämlich auf gewisse Weise die Grundlage aller anderen Sinne. Es haben aber nicht alle den Sehsinn, weil das Sehen gegenüber allen anderen Sinnen vollkommener beim Erkennen ist, das Tasten aber von

größerer Notwendigkeit. Er ist nämlich zur Erkenntnis der Elemente fähig, aus denen ein Lebewesen besteht, nämlich aus dem Warmen, Kalten, Nassen und Trockenen. Und wie daher das Sehen unter allen Sinnen vollkommener in der Erkenntnis ist, so ist der Tastsinn notwendiger, wie er auch als erster im Prozess des Werdens auftritt. Denn das, was vollkommener ist, taucht später in diesem Prozess in Hinblick auf jenes Individuum auf, das sich vom Unvollkommenen zur Vollkommenheit entwickelt.

10 Wenn er dann sagt „ex sensibus", stellt er die Unterschiede der Erkenntnis, die sich bei den Tieren findet, dar: Und er behandelt drei Stufen der Erkenntnis in den derartigen Lebewesen. Es gibt nämlich solche, die zwar Sinnesvermögen besitzen, jedoch kein Gedächtnis, das sich aus der Sinneswahrnehmung ergeben würde. Die Erinnerung folgt nämlich auf die Vorstellung, die eine geistige Tätigkeit ist, die von der aktuellen Sinneswahrnehmung verursacht wird, wie es im zweiten Buch von der Seele heißt. In manchen Tieren wird aus der Sinneswahrnehmung jedoch keine Vorstellung und somit kann es in ihnen auch keine Erinnerung geben: Und diese sind die unvollkommenen Lebewesen, die örtlich unbeweglich sind, wie die Muscheln. Denn da für die Lebewesen die Sinneswahrnehmung dem zum Leben Notwendigen und der eigentümlichen Verhaltensweise dient,

müssen jene Lebewesen ein Erinnerungsvermögen besitzen, die auf etwas Entferntes in fortschreitender Weise zustreben. Wenn nämlich in ihnen nicht durch die Erinnerung der zuvor erfasste Eindruck bliebe, durch den sie zum Streben veranlasst werden, könnten sie ihr Streben nicht fortsetzen, bis sie das beabsichtigte Ziel erreichen würden. Den reglosen Lebewesen aber genügt für ihre Verhaltensweisen die Wahrnehmung des Gegenwärtigen, da sie ja nicht auf etwas Entferntes hinbewegen. Und daher haben sie durch die nur verworrene Vorstellung ein unbestimmtes Streben, wie es im dritten Buch von der Seele heißt.

11 Daraus aber, dass gewisse Lebewesen ein Erinnerungsvermögen besitzen und andere wieder nicht, folgt, dass gewisse klug sind und andere wieder nicht. Da nämlich die Klugheit aus der Erinnerung an das Vergangene für das Zukünftige Sorge trifft (daher werden von Marcus Tullius Cicero im zweiten Buch seiner Rhetorik als ihre Bestandteile Erinnerung, Verstehen und Voraussicht dargestellt), kann in jenen Lebewesen keine Klugheit sein, die kein Erinnerungsvermögen besitzen. Jene Lebewesen aber, die das Erinnerungsvermögen besitzen, können in gewissem Maße der Klugheit teilhaftig sein. Man sagt aber, dass die Klugheit den Tieren und Menschen je verschiedentlich innewohnt. Bei den Menschen findet sich die Klugheit, insofern sie mit der Vernunft bedenken, was zu tun sei; deswegen heißt es im

sechsten Buch der Ethik, dass die Klugheit das rechte Bedenken dessen ist, was getan werden kann. Das Urteil aber über die Dinge, die zu tun sind, das nicht aus vernünftiger Überlegung, sondern aus einem Instinkt der Natur hervorgeht, wird als Klugheit bei den übrigen Lebewesen bezeichnet. Daher besteht die Klugheit in den übrigen Lebewesen in der natürlichen Erwägung der erstrebenswerten Güter und der zu meidenden Gefahren, wie beispielsweise das Lamm der Mutter folgt und vor dem Wolf flieht.

12 Von den Lebewesen aber, die ein Erinnerungsvermögen besitzen, haben manche wiederum den Hörsinn und andere wieder nicht. Alle aber, die den Hörsinn nicht haben, wie die Bienen oder irgendein anderes derartiges Tier, können zwar Klugheit besitzen, sind jedoch nicht erziehbar, sodass sie sich nämlich durch die Anweisung eines anderen daran gewöhnen könnten, etwas zu tun oder zu lassen. Eine solche Anweisung wird nämlich vor allem durch das Hören wahrgenommen: Daher heißt es im Buch De Sensu et Sensibilibus, dass der Hörsinn der Sinn des Lernens ist. Dass aber gesagt wird, dass die Bienen keinen Hörsinn haben, widerspricht nicht der Tatsache, dass sie von gewissen Geräuschen offensichtlich erschreckt werden. Denn wie ein überaus lauter Ton ein Lebewesen tötet oder Holz spaltet, wie es beim Donner ersichtlich ist, - aber das wegen der kraftvollen Luftbewegung, in der der Ton

besteht, - so können die Lebewesen, die des Hörsinns entbehren, obgleich sie kein Urteil über die Töne haben, durch die Klänge der Luft erschreckt werden. Jene Lebewesen aber, die Erinnerungsvermögen und Hörsinn besitzen, können sowohl erzogen werden, als auch klug sein.

13 Offensichtlich also gibt es drei Stufen der Erkenntnis in den Lebewesen. Die erste ist die derer, die weder Hörsinn, noch Erinnerungsvermögen haben: Darum sind sie weder erziehbar, noch klug. Die zweite ist die derer, die zwar Erinnerungsvermögen besitzen, aber nicht den Hörsinn. Darum sind sie klug, aber nicht erziehbar. Die dritte ist die derer, die beides besitzen, und diese sind klug und erziehbar. Eine vierte Variante ist unmöglich, dass es zum Beispiel ein Lebewesen gäbe, dass zwar den Hörsinn aber kein Erinnerungsvermögen hätte. Die Sinne nämlich, die durch ein äußeres Medium ihr jeweiliges Objekt wahrnehmen und zu denen der Hörsinn gehört, finden sich nur in den Lebewesen, die sich mit fortschreitendem Streben bewegen und denen das Erinnerungsvermögen nicht fehlen kann, wie gesagt wurde.

14 Wenn er im folgenden „alia quidem“ sagt, stellt er die Stufen der menschlichen Erkenntnis dar. Und dabei tut er zweierlei: Zunächst zeigt er nämlich, worin die menschliche Erkenntnis die zuvor genannten Lebewesen überragt; dann zeigt er, auf

welche Weise die menschliche Erkenntnis in verschiedene Stufen aufgeteilt wird („fit autem ex memoria"). Im ersten Teil also sagt er, dass das Leben der Lebewesen durch Vorstellungskraft und Erinnerungsvermögen bestimmt wird: Durch die Vorstellungskraft zumindest hinsichtlich der unvollkommenen Lebewesen, durch das Erinnerungsvermögen aber hinsichtlich der vollkommenen Lebewesen. Selbstverständlich besitzen auch diese die Vorstellungskraft, man sagt jedoch, dass eine jede Sache von dem bestimmt wird, was in ihr den Vorrang hat. Zu leben wird hier aber nicht in Hinblick auf das Sein des Lebenden aufgefasst, wie es im zweiten Buch von der Seele getan wird, wo es heißt: „Zu leben bedeutet für die Lebenden zu sein." Denn das Leben dieser Art des Lebewesens geht nicht aus Erinnerungsvermögen und Vorstellungskraft hervor, sondern geht beidem voran. Zu leben wird hier als die Tätigkeit des Lebens aufgefasst, wie man auch den zwischenmenschlichen Umgang für gewöhnlich als Leben bezeichnet. Darin aber, dass die Erkenntnis der Lebewesen vergleichsweise zum Ordnen des Lebens bestimmt wird, kann verstanden werden, dass das Erkenntnisvermögen den selben Lebewesen nicht zum Erkennen selbst innewohnt, sondern aus der Notwendigkeit, zu handeln.

15 Zusätzlich zur Erinnerung findet sich aber bei den Menschen, wie weiter unten gesagt wird, als nächstes

die Erfahrung, an der manche Lebewesen zumindest ein wenig teilhaben. Die Erfahrung besteht nämlich aus der Zusammenstellung mehrerer Einzelwahrnehmungen aus der Erinnerung. Eine derartige Zusammenstellung ist aber dem Menschen eigen und gehört zur sinnlichen Urteilskraft, die Vernunft im uneigentlichen Sinne genannt wird und der Zusammenstellung der besonderen Beziehungen der Einzeldinge dient, so wie die allgemeine Vernunft der Zusammenstellung der allgemeinen Beziehungen der Einzeldinge. Und weil sich die Lebewesen aus den vielen Sinnen und dem Erinnerungsvermögen daran gewöhnen, etwas anzustreben oder zu meiden, darum scheint es, dass sie ein wenig an der Erfahrung teilhaben. Zusätzlich zur Erfahrung, die zur Vernunft im uneigentlichen Sinne gehört, besitzen die Menschen auch die Vernunft im eigentlichen Sinne, durch die sie ihr Leben führen, als durch das, was in ihnen den Vorrang hat.

16 Wie sich aber die Erfahrung zur Vernunft im uneigentlichen Sinne verhält und die Gewohnheit sich in den Lebewesen zur Erinnerung, so verhält sich die Kunstfertigkeit zur allgemeinen Vernunft. So wie also die Lebensführung für die Lebewesen durch Erinnerung unter Hinzunahme der Gewohnheit aus dem Lernen oder auf irgendeine andere Weise vollkommen ist, so ist die Lebensführung des Menschen durch die von der Kunstfertigkeit

vollendete Vernunft vollkommen. Manche jedoch werden von der Vernunft ohne Kunstfertigkeit geleitet; aber dabei handelt es sich um eine unvollkommene Führung.

17 Wenn er im Folgenden sagt „fit autem“, stellt er die verschiedenen Stufen der menschlichen Erkenntnis dar und tut dabei zweierlei: Zunächst vergleicht er die Erfahrung mit der Kunstfertigkeit; dann vergleicht er die theoretische Kunstfertigkeit mit der tätigen („primum igitur conveniens“). Dabei tut er zweierlei: Zunächst zeigt er den Ursprung der Kunstfertigkeit und der Erfahrung, dann, worin die eine die andere übertrifft („ad agere quidem igitur“). Beim ersten tut er zwei Dinge: Zuerst zeigt er den Ursprung der beiden genannten Dinge; dann bekräftigt er es durch ein Beispiel („acceptionem quidem enim“). Dabei tut er bezüglich des ersten zweierlei: Zunächst stellt er den Ursprung der Erfahrung dar, dann den der Kunstfertigkeit („hominibus autem“). Er sagt also zuerst, dass aus der Erinnerung bei den Menschen die Erfahrung hervorgebracht wird. Die Art des Hervorbringens ist aber folgende: Dass nämlich der Mensch aus den vielen Erinnerungen an eine Sache Erfahrung über etwas gewinnt und durch diese Erfahrung fähig ist, ohne große Mühe richtig zu handeln. Und weil nun die Erfahrung befähigt, mühelos und rechtens zu handeln, scheint sie beinahe der Kunstfertigkeit und Wissenschaft ähnlich zu sein.

Die Ähnlichkeit besteht nämlich darin, dass bei beiden in vielen Fällen eine Auffassung von einer Sache gewonnen wird. Der Unterschied besteht allerdings, weil durch die Kunstfertigkeit die Allgemeinbegriffe erfasst werden, durch die Erfahrung hingegen die Einzeldinge, wie später dargestellt wird.

18 Wenn er dann sagt „hominibus autem“, stellt er den Ursprung der Kunstfertigkeit dar und sagt, dass aus der Erfahrung bei den Menschen Wissenschaft und Kunstfertigkeit wird. Das bekräftigt er durch die Autorität des Polos, der sagt, dass die Erfahrung die Kunstfertigkeit hervorbringe, die mangelnde Erfahrung aber den Zufall. Denn wenn jemand ohne Erfahrung richtig handelt, geschieht das aus Zufall. Die Weise aber, auf die die Kunstfertigkeit aus der Erfahrung hervorgeht, gleicht der zuvor genannten, auf die die Erfahrung aus der Erinnerung entsteht. Denn wie aus vielen Erinnerungen ein auf der Erfahrung basierendes Wissen wird, so wird aus den vielen zusammengenommenen Erfahrungen eine allgemeine Auffassung über alles Ähnliche. Daher beinhaltet die Kunstfertigkeit mehr als die Erfahrung, da die Erfahrung sich allein mit den Einzeldingen befasst, die Kunstfertigkeit aber mit den Allgemeinbegriffen.

19 Dies stellt er im Folgenden durch Beispiele dar, wenn er sagt „acceptionem quidem“: Denn wenn der Mensch in seiner Erkenntnis erfasst, was z.B. diese

Medizin an Sokrates und Platon, die an einer entsprechenden Krankheit leiden, und vielen anderen einzelnen gewirkt hat, was immer das auch sei, dann gehört das zur Erfahrung. Wenn aber jemand erfasst, was dies an allen mit diesem entsprechenden Krankheitsbild wirkt und das nach einem solchen Umfang, wie z.B., was es an den an Fieber leidenden und den Phlegmatikern und den Cholerikern wirkt, dann gehört das zur Kunstfertigkeit.

20 Wenn er dann sagt „ad agere", vergleicht er die Kunstfertigkeit mit der Erfahrung nach der Art ihres Vorzugs. Und dabei tut er zwei Dinge. Zuerst stellt er den Vergleich hinsichtlich des Handelns an, dann mit Blick auf die Erkenntnis („sed tamen scire "). Er sagt also, dass, soweit es die Handlung betrifft, sich die Erfahrung von der Kunstfertigkeit nicht zu unterscheiden scheint. Denn wenn man zur Handlung gelangt, wird der Unterschied aufgehoben, der zwischen Erfahrung und Kunstfertigkeit durch das Allgemeine und Einzelne bestand. Wie nämlich die Erfahrung in Bezug auf einzelne Dinge handelt, so auch die Kunstfertigkeit, wodurch der zuvor genannte Unterschied allein in der Erkenntnis bestand. Aber obgleich in Hinblick auf die Handlung Kunstfertigkeit und Erfahrung sich nicht unterscheiden, weil beide auf Einzeldinge bezogen handeln, stimmen sie doch nicht in der Wirksamkeit der Handlung überein. Denn die Erfahrenen sind weit erfolgreicher im Wirken als jene,

die eine allgemeine Vorstellung der Kunst, aber keine Erfahrung haben.

21 Der Grund dafür ist, dass die Tätigkeiten Einzeldinge betreffen, und bloß Einzeldinge werden erzeugt. Die Universalia werden nämlich weder hervorgebracht, noch beeinflusst, außer durch etwas umstandshaftes, insofern es zu diesen Einzeldingen gehört. Denn der Mensch [als Universale] wird gezeugt in diesem gezeugten Menschen [als Einzelding]. Daher heilt der Arzt den Menschen [als Universale] nur durch etwas umstandshaftes; aber wesentlich heilt er Platon oder Sokrates, oder irgendeinen Menschen als einzelnen, dem es zukommt, Mensch [der Natur nach] zu sein oder, insofern er als Behandelter betrachtet wird, umstandshaft dies zu sein. Obgleich es nämlich Sokrates von Natur aus zukommt, Mensch zu sein, kommt dies jedoch dem Geheilten oder Behandelten umstandshaft zu. Denn die Aussage *Sokrates ist ein Mensch* hat aus sich Geltung. Wenn nämlich Sokrates definiert würde, wäre das Mensch-Sein in dieser Definition enthalten, wie im vierten Buch gesagt werden wird. Diese Aussage hat aber aus einem Umstand Geltung: *Der Geheilte ist ein Mensch.*

22 Wenn daher die Kunstfertigkeit die Universalia betrifft und die Erfahrung die Einzeldinge, wird jemand, der Kenntnis von der Kunst ohne Erfahrung besitzt, zwar ausgezeichnet darin sein, dass er das Allgemeine kennt; aber da er das Einzelne nicht kennt,

da es ihm ja an Erfahrung mangelt, wird er doch häufig bei der Behandlung Fehler begehen, da die Heilung mehr zum Einzelding gehört als zum Allgemeinbegriff, da sie ja zum ersten aus sich heraus gehört, zum zweiten nur zufällig.

23 Wenn er schließlich sagt „sed tamen", vergleicht er die Erfahrung mit der Kunstfertigkeit in Hinblick auf die Erkenntnis. Und dabei tut er zweierlei: Zunächst stellt er den Vorrang der Kunstfertigkeit gegenüber der Erfahrung dar und belegt dies dann („hoc autem est quia hi quidem"). Den Vorzug der Kunstfertigkeit und des Wissens stellt er aber in Hinblick auf drei Dinge dar: In Bezug auf das Wissen, von dem wir jedenfalls eher glauben, dass es aus der Kunstfertigkeit stamme als aus der Erfahrung. Dies jedenfalls in Hinblick auf Einwände, die in Streitgesprächen auftauchen. Denn wer die Kunstfertigkeit besitzt, kann im Streitgespräch auf die Dinge erwidern, die gegen die Kunstfertigkeit gesagt werden, nicht aber, wer bloß die Erfahrung hat. Ebenso verhält es sich mit Blick auf die Künstler, die näher an die Weisheit als Ziel gelangen als die Erfahrenen, *weil es ja mehr sei* (d.h. nützt*), die Weisheit zu kennen, die alle Dinge im Sinn habe* (d.h. die Allgemeinbegriffe). Daher nämlich wird der Künstler für weiser gehalten als der Erfahrene, weil er die Allgemeinbegriffe bedenkt. Oder anders: *Weil es ja mehr sei, zu wissen in Hinblick auf die Weisheit, die alle Dinge im Sinn habe,* also die Allgemeinbegriffe. Mit einer

anderen Lesart, *weil es ja mehr sei in Hinblick auf das Wissen durch die alle Dinge betreffende Weisheit*, als sagte er gewissermaßen: *Weil ja in der alle Dinge betreffenden Weisheit*, d.h. in der ein ein jedes Ding betrachtenden, *mehr ist, was das Wissen angeht* als das Handeln, sodass gewissermaßen eher die als weise bezeichnet werden, die mehr wissen, und nicht die, die eher dem Handeln zugetan sind. Daher hat eine andere Lesart einen besseren Sinn, die sagt: *Weil ja, in Hinblick darauf, das bedeutet mehr zu wissen, alle die Weisheit verfolgen.*

24 Wenn er im Folgenden sagt „hoc autem“, bekräftigt er den genannten Vorzug dreifach. Das erste Argument ist folgendes: Jene, die die Ursache und das Weswegen kennen, wissen mehr und sind weiser als jene, die die Ursache nicht kennen, sondern allein das Dass. Die Erfahrenen kennen zwar das Dass, aber nicht das Weswegen. Die Handwerker wiederum kennen die Ursache und das Weswegen und nicht bloß das Dass: darum sind sie weiser und klüger als die bloß Erfahrenen.

25 Zunächst beweist er das erste Argument, wenn er sagt „unde et architectores“. Der Beweis ist aber so beschaffen: Jene, die Ursache und das Weswegen kennen, werden mit denen verglichen, die allein das Dass kennen, wie es sich mit den Fähigkeiten des Baumeisters zu den Fähigkeiten der nur mit den Händen arbeitenden Handwerker in ihrer Kunst verhält. Aber die Fähigkeiten des Baumeisters sind

vortrefflicher. Also wissen auch jene, die Ursache und Weswegen kennen, mehr und sind weiser als jene, die bloß das Dass kennen.

26 Der erste Teil dieses Beweises wird daraus ersichtlich, dass die Baumeister die Ursachen der Werke kennen. Dabei muss man wissen, dass der Baumeister [architector] als der Haupt-Handwerker bezeichnet wird: Von ἄρχος (Anführer) nämlich und τέχνη (Kunst). Jene Kunst aber steht an erster Stelle, deren Tätigkeit an erster Stelle steht. Die Tätigkeiten der Handwerker unterscheiden sich nämlich wie folgt: Gewisse Tätigkeiten dienen dazu, dem Handwerker das Material bereitzustellen, wie die Schreiner beim Schneiden und Ebnen der Bretter das Material für die Form des Schiffes bereitstellen. Eine andere Tätigkeit aber dient der Herbeiführung der Form, wie z.B. jemand aus den bereitgestellten und schon gefertigten Brettern das Schiff zusammenbaut. Eine weitere Tätigkeit dient dem Gebrauch des vollendeten Werkes und diese ist die vorrangige. Die erste Tätigkeit ist die niedrigste, weil sie als erste auf die zweite abzielt, und die zweite wiederum auf die dritte. Daher ist der Schiffsbauer der Baumeister in Bezug auf den, der die Bretter herstellt. Der Steuermann aber, der das fertige Schiff benutzt, ist der Meister in Bezug auf den Schiffsbauer.

27 Und weil die Materie um der Form willen ist und die

Materie so beschaffen sein muss, dass sie zur Form passt, kennt der Schiffsbauer den Grund, warum die Bretter in einer bestimmten Weise beschaffen sein müssen; das wissen aber nicht jene, die die Bretter fertigen. Und ebenso weiß jener, der das Schiff benutzt, weil das Schiff gänzlich zu seinem Nutzen bestimmt ist, welche Form es haben muss; denn dabei muss es so sein, dass es zu seiner Nutzung passend ist. Und daraus ist ersichtlich, dass aus der Form des Werkes der Grund für die Arbeiten genommen wird, die die Bereitstellung der Materie betreffen. Aus dem Gebrauch wiederum ergibt sich der Grund für die Arbeiten, die die Form des Werkes betreffen.

28 Und so ist offensichtlich, dass die Baumeister die Ursachen der Werke kennen. Jene aber, die bloß körperlich arbeiten, beurteilen wir aber oder bezeichnen wir wie gewissermaßen den unbeseelten Dingen zugehörig. Nicht deshalb, weil sie kunstvolle Werke verrichten, sondern weil sie, was sie tun, ohne Verständnis tun. Sie wissen nämlich um das Dass, kennen aber die Ursachen nicht, wie auch beispielsweise das Feuer ohne irgendeine Erkenntnis verbrennt. Diese Ähnlichkeit zwischen den unbeseelten Dingen und den bloß körperlich Arbeitenden hat also soweit Gültigkeit, als dass, wie die unbeseelten Dinge ohne Erkenntnis des Zwecks wie von einem höheren Verstand geleitet auf das eigene Ziel hinarbeiten, es so auch die rein körperlich

Arbeitenden tun. Darin besteht aber der Unterschied: Die unbeseelten Dinge verrichten all ihre Werke von Natur aus, die körperlichen Arbeitenden aber aus Gewohnheit: diese wiederum hat eine Ähnlichkeit mit der Natur darin, dass sie mit Bestimmtheit auf eine Sache ausrichtet, unterscheidet sich jedoch darin von der Natur, dass sie ein beliebiges Objekt der menschlichen Erkenntnis betrifft. An die natürlichen Dinge gewöhnen wir uns nämlich nicht unmittelbar, wie es im zweiten Buch der Ethik gesagt wird. Und so findet sich die Gewohnheit nicht bei denen, die der Erkenntnis entbehren. Was aber gesagt wurde, will so verstanden werden, dass daraus deutlich werde, dass einige Menschen nicht in höherem Grade weise sind, weil sie auf die Praxis ausgerichtet sind, d.h. Arbeiter sind: das trifft auf die Erfahrenen zu; aber insofern sind andere Weise, als dass sie eine Vorstellung davon haben, was zu tun sei, und die Ursachen für diese Dinge, die es zu tun gilt, kennen, aus denen man einen Plan gewinnt: Und das trifft auf die Baumeister zu.

29 Wenn er schließlich „et omnino" sagt, stellt er den zweiten Grund dar, der sich folgendermaßen gestaltet: Ein Erkennungszeichen eines Wissenden ist die Fähigkeit des Lehrens, weil es so ist, dass alles dann in seinem Akt vollkommen ist, wenn es eine andere Sache sich ähnlich machen kann, wie es im vierten Buch der Meteorologie beschrieben wird. So also wie das Erkennungsmerkmal der Wärme ist, dass sie etwas

erwärmen kann, so ist das Merkmal des Wissenden, dass er lehren kann, d.h. das Wissen in einem anderen hervorbringen kann. Die Kunstfertigen können aber lehren, da, wenn sie die Ursachen kennen, sie aus ihnen etwas darstellen können: Die Darstellung ist aber eine Schlussfolgerung, die zum Wissen veranlasst, wie es im ersten Buch der Analytica Posteriora gesagt wird. Die Erfahrenen können aber nicht lehren, weil sie nicht zum Wissen führen können, da sie ja die Ursache nicht kennen. Und wenn sie das, was sie durch die Erfahrung erkennen, anderen vermitteln, wird es nicht nach Art des Wissens erfasst, sondern nach Art der Meinung oder des Glaubens. Daher ist es offensichtlich, dass die Kunstfertigen weiser sind und mehr wissen als die Erfahrenen.

30 Wenn er dann sagt „amplius autem", stellt er den dritten Grund dar, der folgender ist: Die Erkenntnis der Einzeldinge ist in höherem Maße den Sinnen zu eigen als irgendeinem anderen Erkenntnisvermögen, da ja alle Erkenntnis der Einzeldinge von einer Sinneswahrnehmung ausgeht. Und doch, *nicht einen*, d.h. keinen Sinn bezeichnen wir als Weisheit, freilich deswegen, weil ein jeder Sinn bloß das Dass erkennt, nicht jedoch das Weswegen. Der Tastsinn spürt zwar, dass das Feuer warm ist, weiß aber nicht, weswegen. Darum können die Erfahrenen, die zwar Einzeldinge kennen, ihre Ursache aber nicht, nicht weise genannt

werden.

31 Wenn er im Folgenden sagt „primum quidem", vergleicht er die aktive Kunstfertigkeit mit der theoretischen, wobei er zweierlei tut: Zuerst zeigt er, dass die theoretische Kunstfertigkeit Weisheit in höherem Grade ist als die aktive. Dann antwortet er auf einen Einwand („in moralibus"). Das erstgenannte belegt er aber mit folgender Überlegung: In gewissen Wissenschaften oder Künsten wird etwas gefunden, weswegen den kundigen Menschen ein Vorzug vor den übrigen an Bewunderung und Ehre eingeräumt wird. Jene Wissenschaften sind ehrwürdiger und verdienen in höherem Maße die Bezeichnung als Weisheit. Ein jeder Erfinder einer Kunst wird aber bewundert, weil er eine Wahrnehmung, ein Urteils- und Unterscheidungsvermögen über eine Ursache hat, die die Wahrnehmung der anderen Menschen übertrifft, nicht aber wegen der Nützlichkeit der Dinge, die er erfindet. Vielmehr bewundern wir ihn *als weise* und *zwischen den Dingen unterscheidend*. Als *weise* jedenfalls mit Blick auf die genaue Untersuchung der Ursachen einer vorgefundenen Sache, als *unterscheidend* mit Blick auf die Untersuchung der Unterschiede der Dinge zueinander. Oder passiv [reflexiv] gelesen: *sich von anderen unterscheidend*, als ob er sich darin von anderen unterscheide. Somit hat *unterscheidend* zwei Lesarten. Manche Wissenschaften sind also mehr zu bewundern und würdiger, als Weisheit bezeichnet zu

werden, wegen einer hervorragenden Wahrnehmung und nicht wegen des Nutzens.

32 Da also die Mehrzahl der Künste wegen ihrer Nützlichkeit erfunden wurde, unter denen manche zum Lebenserhalt dienen, wie die handwerklichen, gewisse aber zur Einführung in andere Wissenschaften, wie die Lehren von der Logik, so müssen jene Kunstfertigen in höherem Grade weise genannt werden, die ihre Wissenschaft nicht bloß für den Nutzen erfanden, sondern wegen des Wissens an sich, und von dieser Art sind die theoretischen Wissenschaften.

33 Und dass die theoretischen Wissenschaften nicht wegen des Nutzens erfunden wurden, zeigt sich durch jenes Zeichen: *Nach der Entstehung* all dieser erworbenen oder vorgefundenen Wissenschaften, die entweder der Einführung in die Wissenschaft oder dem Lebenserhalt dienen, oder dem Vergnügen, wie die auf die Erheiterung der Menschen absehenden Künste, wurden die spekulativen Wissenschaften nicht um dieser Dinge willen erfunden, sondern ihrer selbst wegen. Dass sie nicht zum Nutzen erfunden wurden, geht klar aus dem Ort hervor, an dem sie erfunden wurden. An jenen Orten wurden sie nämlich zuerst erfunden, wo Menschen sich zum ersten Mal mit solchen Dingen beschäftigt haben. Eine andere Lesart hat *und zuerst an den Orten, wo die Menschen freie Zeit hatten*, d.h. sie nahmen sich für das Studium Zeit, weil

sie von anderen Aufgaben ausruhen konnten und das gewissermaßen aus einem Überfluss am Lebensnotwendigen. Daher wurde auch zuerst in Ägypten die Kunst der Mathematik erfunden, die im höchstem Grade theoretisch ist, und zwar von den Priestern, denen es erlaubt war, Zeit dem Studium zu widmen, und die, wie man auch im Buch Genesis liest, ihren Unterhalt aus der Öffentlichkeit erhielten.

34 Aber, weil die Wörter Kunst, Weisheit und Wissenschaft nahezu unterschiedslos gebraucht wurden, beseitigt er diese Auffassung, damit niemand glaube, dies wären Synonyme, also alle gänzlich gleichbedeutend, und verweist auf die Moralia, d.h. auf das sechste Buch der Ethik, wo beschrieben wird, worin sich Wissenschaft, Kunst, Weisheit, Klugheit und Verstand unterscheiden. Und um es kurz zu sagen, Weisheit, Wissenschaft und Kunst fallen unter den theoretischen Teil der Seele, was er dort die Fähigkeit der Seele zur Erkenntnis der notwendigen Dinge nennt [ἐπιστημονικόν]. Sie unterscheiden sich aber, weil der Verstand der Habitus ist, der zur Darstellung der ersten Wahrnehmungen dient. Die Wissenschaft ist wiederum die Schlussfolgerung aus den niederen Ursachen, während die Weisheit die ersten Ursachen behandelt. Deshalb wird sie dort auch als Haupt der Wissenschaften bezeichnet. Die Klugheit und Kunst aber finden sich im praktischen Teil der Seele, der über unsere Handlungsmöglichkeiten nachdenkt. Und

auch sie unterscheiden sich: Die Klugheit nämlich leitet uns bei den Handlungen, die auf keine fremde Materie übergehen, sondern uns selbst vollkommen machen. Die Kunst wiederum leitet uns bei den Handlungen, die auf eine äußere Materie einwirken, wie z.B. Bauen und Schneiden. Daher wird die Kunst als das rechte Verständnis dessen bezeichnet, was man mit den Dingen tun kann.

35 Wenn er im folgenden „cuius autem" sagt, zeigt er aus dem vorangegangenen Erörterungen das eigentliche Ziel, dass nämlich die Weisheit sich mit den Ursachen befasse. Daher sagt er, dass dies es ist, weswegen *wir nun diese Erörterung betreiben*, also die zuvor genannte Überlegung, dass jene Wissenschaft, die Weisheit genannt wird, sich offensichtlich mit den ersten Ursachen und Prinzipien befasst. Das jedenfalls wird offensichtlich aus dem vorherigen: Ein jeder ist nämlich umso weiser, je mehr er zur Erkenntnis der Ursache gelangt; was wiederum aus dem vorherigen klar ist, weil der Erfahrene weiser ist als der, der allein die Wahrnehmung ohne die Erfahrung besitzt. Und der Kunstfertige wiederum ist weiser als jeder Erfahrene und unter den Kunstfertigen ist der Baumeister weiser als der bloß körperlich arbeitende Handwerker. Unter den Künsten und Wissenschaften sind die theoretischen im eigentlicheren Sinn Wissenschaften als die praktischen. All das geht klar aus dem zuvor gesagten hervor. Daher bleibt zu sagen

noch übrig, dass jene Wissenschaft, die im reinen Sinne Weisheit ist, die Ursachen zum Objekt hat. Diese Redeweise ist, als würden wir sagen: Das was wärmer ist, ist im eigentlicheren Sinne feurig; was daher im eigentlichen Sinne Feuer ist, ist auch im eigentlichen Sinne warm.

2. Lektion
Die Weisheit betrachtet die ersten universalen Ursachen und Prinzipien

1 Nachdem Aristoteles gezeigt hat, dass die Weisheit eine Wissenschaft ist, die sich mit den Ursachen befasst, will er nun zeigen, um welche Ursachen und welche Prinzipien es sich handelt. Er zeigt nämlich, dass es sich um die allgemeinsten und ersten Ursachen handelt und führt den Beweis dafür aus der Definition der Weisheit. Daher tut er dreierlei: Zunächst definiert er die Weisheit danach, was die Menschen von einem Weisen und der Weisheit denken. Dann zeigt er, dass all dies auf die allgemeine Wissenschaft zutrifft, die sich mit den ersten Ursachen und Prinzipien befasst („istorum autem"). Zuletzt zieht er daraus die Schlussfolgerung („ex omnibus ergo"). Den ersten Punkt betreffend legt er sechs verbreitete Auffassungen der Menschen über die Weisheit dar. Die

erste („primum itaque") ist folgende: Im Allgemeinen fassen wir den als Weisen auf, der von allem in höchstem Grade Kenntnis hat, wie es sich für ihn gehört, nicht aber so, als dass er Kenntnis von allen Einzeldingen hätte. Das ist nämlich unmöglich, da die Einzeldinge unendlich sind und somit nicht vom Verstand erfasst werden können.

2 Wenn er „postea difficilia" sagt, legt er den zweiten Grund dar: Es ist so, dass wir jenen als Weisen bezeichnen, der es vermag schwierige Dinge zu erkennen und jene, die für gewöhnlich den Menschen zu wissen nicht leichtfällt. Denn *wahrzunehmen ist für alle eine gewöhnliche Sache*, d.h. die Objekte der Sinneswahrnehmung zu erkennen. Daher gestaltet es sich nicht schwer und gehört nicht zum σοφόν [Weisheit], d.h. zu etwas, das dem Weisen zu eigen wäre. Und daraus erhellt, dass das, was zum Weisen eigentlich gehört, nicht leicht von allen erkannt wird.

3 Wenn er dann „adhuc certiorem" sagt, stellt er den dritten Grund dar; dass wir nämlich den als Weisen bezeichnen, der bei den Dingen, die er weiß, eine größere Gewissheit hat, als das für gewöhnlich bei anderen der Fall ist.

4 Wenn er im Folgenden „et magis" sagt, stellt er den vierten Grund dar, der folgender ist: Den bezeichnen wir in jeder Wissenschaft in höherem Maße als weise, der die Ursachen bei einer beliebigen Fragestellung

angeben kann und so auch andere lehrt.

5 Wenn er dann „sed et hanc" sagt, wird der fünfte Grund dargestellt; dass aus der Masse der Wissenschaften es die Weisheit ist, die um ihrer selbst willen lieber gewählt wird, d.h. gewählt um der Wissenschaft willen und ob des Wissens selbst, als jene Wissenschaft, die wegen anderer, nicht notwendig existierender Dinge, die mit dieser Wissenschaft geschaffen werden können, wie der Lebenserhalt, das Vergnügen und anderes derartiges.

6 Wenn er schließlich „et hanc" sagt, kommt er zum sechsten Grund, dass nämlich diese Weisheit, um die es geht, wie wir sagen, *grundlegender*, d.h. würdiger sein muss *als die bloß dienende Wissenschaft*. Das kann aus dem vorherigen verstanden werden: Denn bei den Handwerkskünsten sind jene, die rein körperlich ausgeführt werden, vorgeben von den Vorarbeitern, die Aristoteles zuvor Baumeister und Weise nannte.

7 Dass die Bezeichnung als Weisheit eher den anleitenden als den dienenden Wissenschaften zukommt, beweist er durch zwei Argumente. Zunächst, weil die dienenden Wissenschaften von den übergeordneten Wissenschaften geordnet werden. Die dienenden Künste werden nämlich auf die höhere Kunst hin geordnet, wie die Reitkunst auf die Kunst der Kriegsführung. Für den Weisen ziemt es sich aber nach der allgemeinen Anschauung nicht, von einem

anderen bestimmt zu werden, sondern vielmehr andere zur Ordnung zu führen. Ebenso werden die untergeordneten Baumeister von ihren Vorgesetzten überzeugt, soweit sie den Vorgesetzten glauben, was zu tun sei und zu geschehen habe. Es glaubt nämlich der Schiffsbauer dem anweisenden Steuermann, welche Form das Schiff haben müsse. Es trifft aber nicht auf den Weisen zu, dass er von jemand anderem überzeugt würde, sondern dass er eben selbst andere von seinem Wissen überzeugt.

8 Das sind also die Meinungen, die die Leute von der Weisheit und dem Weisen haben, und aus denen sich eine gewisse Beschreibung der Weisheit ableiten lässt; dass nämlich der als weise bezeichnet wird, der auch alle schwierigen Dinge mit ihren Ursachen mit Sicherheit kennt, der das Wissen um seiner selbst willen sucht und der andere ordnet und überzeugt, wodurch der erste Teil der Schlussfolgerung uns vor Augen steht. Jeder Weise muss nämlich so sein und umgekehrt ist jeder, der diese Merkmale trägt, weise.

9 Schließlich sagt er „istorum autem" und zeigt, dass alles zuvor Gesagte, auf den zutrifft, der die ersten und allgemeinen Ursachen erkennt, und fährt in der zuvor geschilderten Weise fort. Daher zeigt er zunächst, dass es ganz besonders jenem, der allgemeines Wissen hat, zukommt, alles zu wissen. Das war die erste Meinung, die ersichtlich ist, weil jeder, der die Allgemeinbegriffe kennt, auf gewisse Weise die Dinge kennt, die den

Allgemeinbegriffen untergeordnet sind, da er sie in diesen kennt. Den Begriffen aber, die am allgemeinsten sind, ist alles untergeordnet, sodass wer die allgemeinsten Begriffe kennt, gewissermaßen alles kennt.

10 Wenn er dann sagt „sed fere", zeigt er, dass auch aus folgendem Grund das zweite zutrifft: Was der Sinneswahrnehmung sehr fremd ist, ist für die Menschen schwer erkennbar. Denn die Sinneswahrnehmung ist allen gemein, da bei ihr alle menschliche Erkenntnis beginnt. Was aber am allgemeinsten ist, ist zugleich von den mit den Sinnen wahrnehmbaren Dingen am weitesten entfernt, weil der Gegenstand der Sinneswahrnehmung die Einzeldinge sind. Daher sind die Allgemeinbegriffe für die Menschen am schwierigsten zu erkennen. Und so ist klar, dass die Wissenschaft am schwierigsten ist, die sich hauptsächlich mit den Allgemeinbegriffen befasst.

11 Dagegen scheint aber zu sprechen, was im ersten Buch der Physik beschrieben wird. Denn dort wird gesagt, dass uns gerade die allgemeineren Begriffe zuerst bekannt sind. Was aber zuerst bekannt ist, ist leichter zu erkennen. Darauf ist zu erwidern, dass die allgemeineren Begriffe in dem Sinne früher wahrgenommen werden, als dass sie in einfacher Weise aufgefasst werden, denn erster Gegenstand des Verstandes ist das Sein, wie Avicenna sagt, und eher

wird das Lebewesen wahrgenommen als der Mensch. Wie nämlich im natürlichen Sein, weil man von der Potenz zum Akt übergeht, das Lebewesen vor dem Menschen ist, so wird auch bei der Entstehung des Wissens im Verstand zunächst das Lebewesen wahrgenommen und dann der Mensch. Aber in Bezug auf die Untersuchung der wesentlichen Eigenheiten und Ursachen sind zuerst die weniger allgemeinen Begriffe bekannt, weil wir durch die Einzelursachen, die einer Gattung oder einem Wesen angehören, zu den allgemeinen Ursachen gelangen. Was aber ganz allgemein beim Verursachen ist, ist uns erst später bekannt; also früher dem Wesen nach erkannt, obgleich uns die Allgemeinbegriffe durch die Gattung gewissermaßen früher bekannt sind als die weniger allgemeinen Begriffe, früher aber nicht als die Einzeldinge. Denn die Sinneswahrnehmung, die die Erkenntnis der Einzeldinge darstellt, geht bei uns der geistigen Erkenntnis, die die Allgemeinbegriffe erkennt, voran. Man muss aber betonen, dass Aristoteles die höchsten Allgemeinbegriffe nicht in jeder Hinsicht als schwierigste zu erkennen bezeichnet, sondern nur als *beinahe*. Jene Dinge nämlich, die wesentlich gänzlich von der Materie getrennt sind, wie die geistigen Wesenheiten, sind für uns noch schwerer zu erkennen als die Allgemeinbegriffe. Und somit wird diese Wissenschaft, die man Weisheit nennt, obgleich sie den ersten Rang einnimmt, als letzte erlernt.

12 Wenn er dann sagt „scientiarum vero", zeigt er, dass auch das dritte Merkmal aus folgendem Grund zutrifft: Je grundlegender eine Wissenschaft von Natur aus ist, desto höher ist ihr Grad an Sicherheit. Das geht klar daraus hervor, dass jene Wissenschaften, die aus der Hinzufügung einer Sache zu einer anderen Wissenschaft hervorgehen, weniger sicher sind als die Wissenschaften, die weniger betreffen. So ist die Arithmetik sicherer als die Geometrie, weil das, was sich in der Geometrie findet, aus der Hinzufügung zur Arithmetik entsteht. Offensichtlich wird dies, wenn wir bedenken, dass beide Wissenschaft als erste Objekte jeweils die Einheit und den Punkt haben. Der Punkt fügt nämlich der Einheit noch einen Ort hinzu. Denn das unteilbare Sein stellt den Grund für die Einheit dar und diese wird, insofern sie die Idee des Maß ins sich trägt, zum Prinzip der Zahlen. Der Punkt fügt dem aber noch den Ort hinzu. Die Wissenschaften von den Einzeldingen aber sind in natürlicher Hinsicht den Wissenschaften von den Allgemeinbegriffen nachgeordnet, weil die erstgenannten bei ihren Subjekten denen der letzteren etwas hinzufügen: Offensichtlich nämlich fügt das bewegliche Seiende, von dem die Naturphilosophie handelt, dem einfachen Seienden, von dem die Metaphysik handelt, etwas hinzu und auch dem quantitativen Sein, das die Mathematik behandelt. Also ist die Wissenschaft, die

das Sein behandelt und die allgemeinsten Begriffe, am sichersten. Dem steht auch nicht entgegen, dass sie weniger Dinge behandelt, weil zuvor ja bereits gesagt wurde, dass sie alles wisse. Denn das Allgemeine erfasst real zwar weniger Dinge, dafür aber mehr der Möglichkeit nach. Und umso gewisser ist eine Wissenschaft, je weniger Dinge sie tatsächlich zur Behandlung ihres Gegenstandes benötigt. Daher sind die praktischen Wissenschaften am unsichersten, da sie eine Vielzahl von Umständen bei den zu verwirklichenden Dingen berücksichtigten müssen.

13 Wenn er im Folgenden sagt „est et doctrinalis“, zeigt er, dass mit folgender Begründung auch das vierte Merkmal zutrifft: Jene Wissenschaft ist in höherem Maße Lehrerin bzw. belehrend, die besonders die Ursachen bedenkt. Allein jene lehren nämlich, die die Gründe für die einzelnen Dinge nennen, da ja das Wissen den Grund zur Voraussetzung hat und das Lehren bedeutet, in einem anderen Wissen zu schaffen. Die Wissenschaft aber, die die Allgemeinbegriffe zum Gegenstand hat, behandelt die ersten Ursachen aller Ursachen. Daraus erhellt, dass sie im höchstem Maße lehrt.

14 Wenn er dann sagt „et noscere“, legt er mit der folgenden Begründung dar, dass auch das fünfte Merkmal zutrifft: Es ist gerade diesen Wissenschaften eigentümlich, zu wissen und zu erkennen um ihrer selbst und nicht anderer willen, die die am sichersten

erkennbaren Dinge behandeln. Jene Wissenschaften aber, die sich mit den ersten Ursachen beschäftigen, behandeln gerade diese Dinge. Also werden diese Wissenschaften am meisten um ihrer selbst willen betrieben. Den ersten Teil beweist er so: Wer Wissen wegen des Wissens will, strebt in höherem Grade nach der Wissenschaft. Die höchste unter den Wissenschaften behandelt aber die am sichersten erkennbaren Dinge. Also werden jene Wissenschaften umso mehr ob ihrer selbst angestrebt, je besser erkennbar ihre Gegenstände sind. Den zweiten Teil beweist er folgendermaßen: Jene Dinge, durch die und derentwillen andere Dinge erkannt werden, sind besser zu erkennen als die Dinge, die durch sie erkannt werden; durch die Ursachen und Prinzipien aber werden andere Dinge erkannt und nicht umgekehrt usw.

15 Wenn er schließlich sagt „maxime vero", zeigt er, dass auch das sechste Merkmal aus folgendem Grund zutrifft: Jene Wissenschaft stellt sich gegenüber den übrigen als erste dar - sei es wie die Baukunst zur untergeordneten, sei es wie gegenüber einer zuarbeitenden -, die das Ziel betrachtet, um dessentwillen die einzelnen Dinge verrichtet werden. So verhält es sich mit den Dingen, die wir zuvor beschrieben haben. Denn der Steuermann, der das Schiff gebraucht, was wiederum der Zweck des Schiffes ist, verhält sich gegenüber dem Steuermann,

der ihm zuarbeitet, wie der Baumeister. Aber die genannte Wissenschaft behandelt vor allem das Ziel aller Dinge, was daraus ersichtlich ist, dass das, weswegen die einzelnen Dinge getan werden, *das Ziel all dieser Dinge ist*, d.h. ein einzelnes Gut. In jedem Fall aber ist das Ziel ein Gut. Das aber, was das Ziel aller Dinge ist, also des gesamten Universums, ist das höchste Gut der gesamten Natur. Dies fällt unter die Erwägung der erwähnten Wissenschaft. Also ist sie die erste unter allen, wie vergleichsweise die Baukunst.

16 Mit den Worten „ex omnibus" zeigt er aus dem zuvor erläuterten den beabsichtigten Schluss, indem er sagt, dass aus dem zuvor genannten hervorgeht, dass auf diese Wissenschaft die Bezeichnung als Weisheit, die wir untersuchen, zutrifft, auf jene Wissenschaft nämlich, die theoretisch ist, also die ersten Prinzipien und Ursachen betrachtet. Das geht offenkundig aus den sechs genannten Gründen hervor, die augenscheinlich auf den zutreffen, der die allgemeinen Ursachen untersucht. Weil aber das sechste Argument vom Ziel handelte, das bei den Alten nicht nachdrücklich als Ursache dargestellt wurde, wie später erklärt wird, deshalb zeigt er zusätzlich, dass dies ebenfalls Gegenstand dieser Wissenschaft ist, die ja die ersten Ursachen betrachtet. Dieses Ziel, das ein Gut ist und um dessentwillen die anderen Dinge geschehen, sei eine aus der Zahl der Ursachen. Daher muss die Wissenschaft, die die ersten und allgemeinen

Ursachen betrachtet, auch das allgemeine Ziel aller Dinge betrachten, das das höchste Gut in der gesamten Natur darstellt.

3. Lektion

Wesen und Ziel der Metaphysik

1 Nachdem gezeigt wurde, was diese Wissenschaft behandelt, zeigt er nun, um was für eine Wissenschaft es sich handelt. Dabei tut er zweierlei: Zunächst zeigt er die Würde dieser Wissenschaft, dann das Ziel, das diese Wissenschaft hat („ex omnibus"). Beim ersten Punkt tut er vier Dinge, indem er zuerst zeigt, dass es sich nicht um eine aktive, sondern theoretische Wissenschaft handelt, dann, dass sie die größte Freiheit genießt („sed ut dicimus"), sodann, dass sie nicht menschlich ist („propter quod et iuste"), schließlich, dass sie die vorzüglichste ist („nec ea aliam"). Das erste zeigt er zweifach, zum einen durch die Vernunft, dann durch ein Beispiel („testatur autem hoc").

2 Zunächst legt er also den erwähnten Grund dar: Keine Wissenschaft, in der das Wissen um seiner selbst willen erstrebt wird, ist eine praktische Wissenschaft, sondern theoretisch. Die Wissenschaft aber, die als Weisheit oder Philosophie bezeichnet wird, hat dieses

Wissen zum Ziel, ist also theoretisch und nicht praktisch. Den zweiten Teil dessen bekräftigt er dadurch, dass jeder der Unwissenheit entfliehen will und als Ziel auf das Wissen um seiner selbst willen hinstrebt. Die aber, die Philosophie betreiben, versuchen mit Vorsatz der Unwissenheit zu entfliehen. Sie streben also das Wissen um seiner selbst willen an.

3 Dass sie aber der Unwissenheit entrinnen wollen, ist daraus ersichtlich, dass sowohl die ersten Philosophen als auch die heutigen zu philosophieren beginnen wegen der Verwunderung über irgendeine Ursache; in anderer Weise taten sie das am Anfang aber als heute. Denn am Anfang wunderten sie sich über kleinere Rätsel, die offensichtlich waren, und wollten deren Ursachen ergründen. Später aber gingen sie von den offenkundigen Erkenntnissen zur Untersuchung der schwierigen Dinge allmählich über und begannen diese zu bedenken, wie z.B. *die Veränderungen des Mondes*, also die Mondfinsternis und die Änderung seiner Erscheinung, die sich je nach dem Verhältnis zur Sonne zu verändern schienen. Und so dachten sie auch über das nach, was die Sonne betrifft, also die Sonnenfinsternis, ihren Lauf und ihre Größe. Dann dachten sie über die Sterne nach, über ihre Zahl, ihre Ordnung und dergleichen, und schließlich über die Entstehung des gesamten Universums. Manche sagten dann, es sei zufällig entstanden, manche nannten als

Grund eine Vernunft, manche die Liebe.

4 Wir wissen aber, dass Nachdenken und Verwunderung aus der Unwissenheit entstehen. Wenn wir nämlich manche offensichtlichen Wirkungen sehen, deren Ursache uns verborgen ist, dann wundern wir uns über die Ursache. Und aus dieser Verwunderung geht die Ursache hervor, die uns zur Philosophie führt. Offensichtlich ist der Philosoph in gewisser Hinsicht ein φιλόμυθος, d.h. Sagen liebend, was eine Eigenheit der Dichter ist. Daher sind die ersten, die auf Weise der Fabeln von den Ursprüngen der Dinge abhandelten, Theologie betreibende Dichter genannt worden, wie z.B. Perseus und gewisse andere, die die sieben Weisen waren. Der Grund dafür aber, dass der Philosoph mit dem Dichter verglichen wird, liegt darin, dass beide sich mit wunderlichen Dingen beschäftigen. Denn die Fabeln, mit denen die Dichter sich beschäftigen, bestehen aus manchem wunderlichen, und die Philosophen selbst werden aus Verwunderung zum Studium der Philosophie bewegt. Da nun die Verwunderung ihren Ursprung in der Unwissenheit hat, ist offenkundig, dass sie alle sich zum Philosophieren genötigt sahen, um der Unwissenheit zu entgehen. Daraus wird auch klar, dass sie die Wissenschaft allein um der Erkenntnis willen *verfolgt haben*, d.h. mit Eifer suchten, und nicht wegen irgendeines *Nutzen*, d.h. wegen der Nützlichkeit.

5 Zu bemerken ist, dass Aristoteles, der zuvor den Begriff der Weisheit benutzte, nun die Philosophie als Bezeichnung wählt, weil es das selbe bedeutet. Da nämlich die ersten, die sich dem Studium der Weisheit widmeten, Sophisten, also Weise genannt wurden, antwortete Pythagoras, als man ihn fragte, wie er sich nenne, er wolle sich nicht einen Weisen nennen, wie es seine Vorgänger taten und was ihm überheblich erschien, sondern bezeichnete sich als Philosophen, also als einen, der die Weisheit liebt. So änderte sich die Bezeichnung als Weiser zum Philosophen und die der Weisheit zur Philosophie. Dieser Name ist aber zugleich auch ein Vorsatz: Denn offensichtlich liebt jener die Weisheit, der sie nicht wegen einer anderen Sache, sondern ihrer selbst willen sucht. Wer nämlich etwas wegen einer anderen Sache sucht, liebt mehr das, weswegen er sucht, als das, was er sucht.

6 Wenn er dann sagt „testatur autem“, beweist er es durch ein Beispiel. Er wiederholt, dass die Weisheit bzw. Philosophie nicht wegen irgendeines Nutzen gesucht wird, sondern wegen des Wissens selbst, und sagt, dass dies durch etwas *zufälliges*, d.h. ein Ereignis, bekräftigt wird, das sich gegenüber den ereignete, die die Philosophie untersuchten. Denn als sie beinahe alles hatten, was zum Leben nötig ist, was zur Trägheit und Freude dient, die in einer gewissen Ruhe des Lebens besteht, und auch die Dinge, die man zur Bildung - wie die Logik als Einführungswissenschaft -

für andere Künste benötigt und nicht um ihrer selbst willen untersucht, da begann man erst, sich zu fragen, worum es sich bei dieser Klugheit, d.h. der Weisheit handelt. Offensichtlich also wird sie nicht wegen irgendeiner anderen Notwendigkeit gesucht, sondern um ihrer selbst willen, da ja niemand sucht, was er schon hat. Weil sie also, als alle anderen Dinge schon vorhanden waren, gesucht wurde, ist klar, dass sie nicht wegen irgendeiner anderen Sache, sondern ihrer selbst willen gesucht worden ist.

7 Wenn er dann sagt „sed ut dicimus", beweist er das zweite, dass die Weisheit nämlich frei ist. Und das aus folgendem Grund: Jener Mensch wird im eigentlichen Sinne frei genannt, der nicht um eines anderen willen ist, sondern um seiner selbst willen. Die Sklaven gehören nämlich zu ihren Herren und handeln wegen dieser, von denen sie auch alles erwerben, was sie erwerben. Die freien Menschen hingegen gehören sich selbst, erwerben also und arbeiten für sich selbst. Nur diese Wissenschaft hat aber sich selbst zum Zweck, ist also als einzige der Wissenschaften frei.

8 Anzumerken ist, dass dies auf zwei Weisen aufgefasst werden kann. Auf die erste Weise würde er mit *als einzige* die ganze theoretische Wissenschaft als Gattung auffassen. Und dann trifft dies zu, weil allein diese Art der Wissenschaft um ihrer selbst willen betrieben wird. Darum werden auch allein jene Künste als freie Künste bezeichnet, die das Wissen zum Ziel

haben; jene aber, die wegen ihrer Nützlichkeit in der Praxis betrieben werden, nennt man zuarbeitend oder dienlich. Auf die zweite Weise würde er damit im besonderen diese Philosophie bzw. die Weisheit bezeichnen, die sich mit den letzten Ursachen beschäftigt. Dass aber zu den letzten Ursachen auch die Zweckursache gehört, wurde bereits zuvor erwähnt. Und somit verhalten sich alle anderen Wissenschaften zu dieser wie zu ihrem Ziel, weshalb diese Wissenschaft allein in höchstem Maße wegen ihrer selbst existiert.

9 Wenn er schließlich „propter quod" sagt, beweist er, dass sie drittens nicht menschlich ist und tut dabei zwei Dinge: Zunächst beschriebt er den vorliegenden Fall und schließt dann einen Irrtum gewisser Leute aus („quare secundum Simonidem"). Den vorliegenden Fall erläutert er aber folgendermaßen: Die Wissenschaft, die im höchsten Grade frei ist, kann nicht einem Wesen eigentümlich sein, das in vielfacher Hinsicht dienen muss; die menschliche Natur dient aber *in vielem*, d.h. sie ist Dienerin in Bezug auf viele Dinge. Somit ist diese Wissenschaft nicht eigentlich menschlich. Die menschliche Natur bezeichnet man aber als Dienerin, insofern sie vielen Nöten unterworfen ist. Daraus ergibt sich, dass Aristoteles manchmal die Dinge hintanstellt, die um ihrer selbst willen zu suchen sind, und das wegen der Dinge, die zum Leben nötig sind; wie im dritten Buch

der Topik gesagt wird, dass die Philosophie besser ist als der Erwerb und doch der Erwerb zu wählen ist, wenn man der Lebensgrundlagen entbehrt. Daraus wird klar, dass jene Weisheit nur ihrer selbst wegen gesucht wird, die dem Menschen nicht als etwas eigenes zukommt. Das nämlich besitzt der Mensch als etwas Eigentümliches, was er leicht haben und gebrauchen kann. Der Wissenschaft aber, die um ihrer selbst willen erstrebt wird, kann der Mensch sich nicht nach Belieben widmen, da er davon häufig durch die Nöte des Lebens abgehalten wird. Und auch die Leichtigkeit fehlt dem Menschen hierin, da er sie ja nicht in vollkommener Weise erlangen kann. Und doch überwiegt das bescheidene, was aus der Philosophie gewonnen werden kann, alles, was die übrigen Wissenschaften erkennen.

10 Wenn er schließlich sagt „quare secundum", schließt er den Irrtum eines Dichters namens Simonides aus, der behauptete, allein Gott käme die Ehre zu, das Wissen zu wollen, was um seiner selbst willen und nicht wegen einer anderen Sache gesucht wird. Nicht zieme es sich aber für einen Mann, nicht jene Wissenschaft zu erforschen, die seinem Wesen entspricht, das ja auf die notwendigen Dinge zum Lebenserhalt, die der Mensch nicht habe, absehe.

11 Dieser Irrtum des Simonides ist aber die Folge eines Irrtums mancher Dichter, die behaupteten, dass das göttliche Wesen Neid verspüre, und wegen dieses

Neides wolle Gott nicht, dass das, was ihm zur Ehre gereicht, von allen erfasst werde. Und wenn Gott in manchen Dingen den Menschen beneide, dann doch vor allem hierin, nämlich der um ihrer selbst gesuchten Wissenschaft, die das ehrenhafteste unter allen Dingen ist. Und nach der Meinung dieser Dichter folgt, dass alle nicht ganz vollkommenen Menschen unglücklich seien. Glücklich nannten sie nämlich die Menschen in Folge der Vorsehung der Götter, die ihnen ihre Güter mitteilten. Daraus würde wegen des Neides der Götter und des Unwillens, die Menschen an den Gütern teilhaben zu lassen, folgen, dass die Menschen ohne die Vollkommenheit dieser Wissenschaft verbleibend unglücklich wären.

12 Der Grund für diese Anschauung ist aber überaus falsch, da es unpassend wäre, würde irgendein göttliches Wesen Neid verspüren. Das ist ersichtlich, da der Neid die Betrübnis über das Glück eines anderen ist. Das aber kann nur geschehen, wenn der Neider das Gut eines anderen als Minderung des eigenen Gutes empfindet. Gott kann aber nicht traurig sein, da er keinem Übel unterworfen ist, und auch durch das Gut eines anderen kann sein Gut nicht gemindert werden, da aus seiner Güte alle Güter wie aus einer nicht versiegenden Quelle strömen. Daher sagte auch Platon, dass Gott aller Neid fremd sei. Aber die Dichter erzählen Unwahrheiten nicht nur hierüber, sondern auch über viele andere Dinge, wie es in einem

gebräuchlichen Sprichwort heißt.

13 Wenn er schließlich „nec ea aliam" sagt, stellt er das vierte dar, dass nämlich diese Wissenschaft aus folgendem Grund überaus ehrenhaft sei: Jene Wissenschaft ist in höchstem Grade ehrbar, die am göttlichsten ist, wie ja auch Gott ehrenhafter ist als alle Dinge. Diese Wissenschaft ist aber überaus göttlich und darum auch am ehrenhaftesten. Den zweiten Teil beweist er so: Das Wissen wird im zweifachen Sinne göttlich genannt, und allein die Philosophie wird auf beide Weisen zugleich so bezeichnet. Auf die eine Weise wird so das Wissen Gottes bezeichnet, auf die andere Weise die Kenntnis von den göttlichen Dingen. Dass aber dies nur auf die Philosophie zutrifft, ist offensichtlich, da ja diese Wissenschaft, wenn sie von den ersten Ursachen und Prinzipien handeln soll, von Gott handeln muss. Denn Gott wird von allen so aufgefasst, dass er nämlich eine der Ursache und eines der Prinzipien der Dinge ist. Und das Wissen, das Gott und die ersten Ursachen betrifft, hat entweder Gott als einziger, oder wenn nicht nur er, dann doch er in höchstem Maße. Als einziger begreift er es jedenfalls vollkommen. In höchstem Maße aber besitzt er es, insofern auch die Menschen auf ihre Weise dieses Wissen haben, freilich nicht als etwas Wesenseigenes, sondern in einer abgeleiteten Weise.

14 Daraus schließt er außerdem, dass alle anderen Wissenschaften nötiger als die Philosophie sind, um

das Leben zu führen, da sie weniger um ihrer selbst willen angestrebt werden. Keine aber von diesen kann würdiger als die Philosophie sein.

15 Wenn er dann sagt „oportet vero“, zeigt er das Ziel, auf das diese Wissenschaft zustrebt, und erwähnt, dass die Ordnung dieser Wissenschaft oder ihr Ziel im Gegensatz zu dem besteht, was jene vor Augen hatten, die als erste diese Wissenschaft erforschten. So verhält es sich nämlich mit den natürlichen Hervorgängen und Bewegungen. Jede Bewegung hat nämlich ein ihrem Ursprung gegensätzliches Ziel. Wenn daher die Untersuchung eine Art von Bewegung zum Wissen hin ist, muss ihr Ziel also gegensätzlich zu ihrem Anfangspunkt sein. Den nahm diese Wissenschaft wie erwähnt aber von der Verwunderung über alle Dinge: die ersten wunderten sich nämlich über kleinere Dinge, ihre Nachfolger aber über Verborgenes. Es handelte sich dabei aber um die Verwunderung, wie wenn eine Sache *selbstständig tätig* erscheint, d.h. das Dinge wundersam aus Zufall zu geschehen scheinen. *Selbstständig tätig* werden nämlich die Dinge genannt, die gewissermaßen zufällig und selbstverursacht geschehen. Denn die Menschen sind vor allem verwundert, wenn etwas nach dieser Art zufällig sich ereignet, und meinen, diese Dinge wären vorherbestimmt. Die zufälligen Ereignisse sind nämlich nicht von einer Ursache bestimmt und aus dem Unwissen über die Ursache geht die

Verwunderung hervor. Und als die Menschen noch nicht vermochten, die Ursachen der Dinge zu betrachten, bestaunten sie alles, als wäre es rein zufällig. So wunderten sie sich über die zwei Sonnenwenden im Winter und im Sommer. Bei der Sommersonnenwende beginnt die Sonne sich nämlich nach Süden zu wenden, obwohl sie zuvor nach Norden ging, und umgekehrt im Winter. Dann wunderten sie sich auch darüber, dass die Diagonale des Quadrates nicht mit seiner Seite messbar ist. Da sie nämlich meinten, unmessbar zu sein, käme allein dem unteilbaren zu, wie auch nur die Einheit nicht von der Zahl gemessen wird, sondern selbst alle Zahlen bestimmt, erschien es ihnen wundersam, dass etwas nicht unteilbar ist und doch nicht gemessen werden kann; das etwas also nicht der kleinste Teil ist und doch nicht messbar ist. Es ist aber offenkundig, dass die Diagonale und die Seite des Quadrates weder unteilbar noch am kleinsten sind, und darum scheint es wunderbar, dass sie nicht miteinander messbar sind.

16 Da also die Untersuchung der Philosophie mit der Verwunderung beginnt, muss man also beim Gegenteil ankommen oder zumindest darauf zuschreiten; zuschreiten aber auf das, was würdiger ist, wie es mit einem gebräuchlichen Sprichwort übereinstimmt, das besagt, dass das Fortschreiten immer zum besseren hingeht. Was aber das würdigere Gegenteil ist, wird

aus der erwähnten Verwunderung ersichtlich. Denn wenn die Menschen die Ursachen der besagten Dinge erkennen, müssen sie sich nicht wundern. So wundert sich der in der Geometrie Kundige nicht darüber, dass die Diagonale nicht mit der Seite messbar ist. Er kennt nämlich den Grund dafür, dass nämlich das Verhältnis des Quadrates der Diagonale sich zum Quadrat der Seite nicht verhält wie die Basis des Quadrates zur quadrierten Zahl, sondern im Verhältnis 2:1. Es bleibt noch anzumerken, dass das Verhältnis der Seite zur Diagonale nicht das zwischen [rationalen] Zahlen ist, weshalb sie nicht [nach Art eines Bruchs] im Verhältnis zueinander messbar sind. Denn nur die Strecken sind vergleichsweise messbar, deren Verhältnis zueinander dem Verhältnis [rationaler] Zahlen zueinander entspricht. Das Ziel dieser Wissenschaft, dem wir uns nähern müssen, besteht darin, dass wir durch die Erkenntnis der Ursachen nicht über ihre Wirkungen in Verwunderung geraten.

17 Aus diesen Erläuterungen geht nun hervor, was das Wesen dieser Wissenschaft ist, die theoretisch, frei, nicht menschlich, sondern göttlich ist, und welches ihr Ziel ist, nach dessen Maßgabe alle Fragestellung, Methode und Kunstfertigkeit angewendet werden muss. Sie zielt nämlich ab auf die ersten und allgemeinen Ursachen der Dinge, über die sie zugleich nachforscht und Feststellungen trifft. Und durch deren Erkenntnis gelangt sie zum genannten Ziel, dass

man nämlich durch die Erkenntnis der Ursachen nicht mehr in Verwunderung gerate.

2. Buch
Die Suche nach der Wahrheit und den Ursachen

1. Lektion
Leichtigkeit und Schwierigkeit beim Erwerb der Wahrheit

1 Nachdem der Philosoph die Meinungen der älteren Philosophen von den Ursprüngen der Dinge widerlegt hat, denen sich die ersten Philosophen vornehmlich widmeten, geht er es nun an, zu bestimmen, wie es wirklich sei. Anders aber verhält sich die erste Philosophie beim Untersuchungen der Wahrheit als die übrigen Einzelwissenschaften. Denn jede Einzelwissenschaften betrachtet eine gewisse Teilwahrheit je nach der entsprechenden Gattung, wie die

Geometrie die Ausmaße der Dinge betrachtet und die Arithmetik die Zahlen. Die erste Philosophie aber betrachtet die Wirklichkeit in universaler Hinsicht auf das, was ist. Darum gehört es zum Philosophen, zu bedenken, wie sich der Mensch zur Erkenntnis der Wahrheit verhalte.

2 Dieser Teil zerfällt aber in zwei Einzelteile. Im ersten Teil bestimmt er, was zur Untersuchung der gesamten Wirklichkeit gehört und beginnt im zweiten Teil die Untersuchung der Wahrheit über die ersten Prinzipien und alles andere, auf das sich die Untersuchung dieser Philosophie richtet. Das geschieht im dritten Buch, dass mit den Worten beginnt „necesse est nobis acquisitam scientiam". Der erste Teil wird wiederum in drei Teile geteilt, in deren erstem erklärt wird, wie sich der Mensch zur Erkenntnis der Wahrheit verhält. Im zweiten zeigt er, zu welcher Wissenschaft die Erkenntnis der Wahrheit eigentlich gehört („vocari vero philosophiam veritatis"). Im dritten Teil wird die Weise erläutert, auf die die Wahrheit untersucht werden muss („contingunt autem auditiones"). Beim ersten Teil tut er dreierlei: Zunächst zeigt er, die tatsächliche Leichtigkeit bei der Erkenntnis der Wahrheit, dann den Grund für die Schwierigkeit („forsan autem et difficultate"). Zuletzt erläutert er, wie die Menschen sich gegenseitig bei der Erkenntnis der Wahrheit helfen („non solum autem his dicere"). Beim ersten tut er wiederum zweierlei, indem er

zunächst die Fragestellung vorlegt und nennt; dass nämlich die θεωρία, also das Bedenken oder Betrachten der Wahrheit, auf gewisse Weise leicht ist, auf gewisse Weise schwer.

3 Dann („signum autem“) zeigt er, was er beweisen will, zunächst nämlich die Leichtigkeit, dann die Schwierigkeit („habere autem totum et partem“). Die Leichtigkeit bei der Erforschung der Wahrheit beweist er auf dreifache Weise: Zunächst mit der Wahrnehmung, dass freilich kein Mensch eine vollkommene Vorstellung von der Wirklichkeit gewinnen kann, jedoch auch niemand so frei von ihr wäre, dass er gar nichts über sie erkennen könnte. Das ist daraus ersichtlich, jeder etwas über die Wahrheit und das Wesen der Dinge sagen kann, was wiederum ein Anzeichen des Nachdenkens ist.

4 Das zweite Merkmal („et secundum“) erklärt er wie folgt: Freilich ist das, was ein einzelner Mensch bei der Erkenntnis der Wahrheit mit seinem Verstand und Eifer beitragen kann, zwar wenig, wenn man die ganze Erkenntnis der Wirklichkeit bedenkt, und doch wird das, was aus allen Einzelaussagen zusammengenommenen wird, etwas Großes, wie man es in den einzelnen Künsten beobachten kann, die durch den Eifer und das Genie verschiedener Leute zu einem erstaunlichen Fortschritt gelangt sind.

5 Als drittes bekräftigt er eben dies am Beispiel eines

gebräuchlichen Sprichworts („quare si"), und schließt aus den erwähnten Dingen, dass, weil jeder etwas von der Wahrheit erkennen kann und sei es nur wenig, es sich dabei so verhält, wie wenn sprichwörtlich gesagt wird: *Die Eingänge*, d.h. die Haustüren, *wer würde sich dabei täuschen?* Das Innere eines Hauses ist nämlich schwer zu erkennen und so kann man den Menschen hierin leicht täuschen. Wie aber was den Eingang zum Haus, der ganz gut und zuerst erkennbar ist, angeht, sich niemand täuschen lässt, so ist es auch beim Nachdenken über die Wirklichkeit. Denn die ersten Dinge, über die man zur Erkenntnis der anderen gelangt, sind allen bekannt und niemand täuscht sich hierin. Dazu gehören die ersten von Natur aus erkannten Prinzipien, dass z.B. man nicht zugleich bejahen und verneinen kann oder dass das Ganze größer ist als sein Teil und so fort. Bei den Schlussfolgerungen aber, zu denen man über diese, gleichsam durch die Tür, eintritt, irrt man sich häufig. Somit ist also die Erkenntnis der Wahrheit leicht mit Blick auf dieses wenige ohne hohen Anspruch, das das aus sich bekannte Prinzip ist, durch das man zur Wahrheit eintritt.

6 Wenn er dann sagt „habere autem", stellt er die Schwierigkeit dar und sagt, dass dies die Schwierigkeit bei der Untersuchung der Wahrheit zeigt, dass wir sie betreffend nicht das Ganze und einen Teil annehmen können. Damit dies klar wird, muss man bedenken,

dass er dies als allen bekannt bezeichnet, wodurch wir zu den anderen, höheren Erkenntnissen gelangen. Ein zweifacher Weg führt aber zur Erkenntnis der Wahrheit, nämlich zum einen über die Analyse, durch die wir von den zusammengesetzten Begriffen zu den einfachen gelangen und vom Ganzen zum Teil, wie es im ersten Buch der Physik gesagt wird, dass uns die unscharf erkannten Dinge zuerst bekannt werden. Und auf diesem Wege findet die Erkenntnis der Wahrheit ihre Vollendung, wenn man zu den einzelnen und genau zu erkennenden Teilen gelangen soll. Der andere Weg ist die Synthese, durch die wir von den einfachen Begriffen zu den zusammengesetzten fortschreiten, und worin die Erkenntnis der Wahrheit ihre Vollendung findet, wenn man zum Ganzen gelangt. So zeigt das selbe aber die Schwierigkeit bei der Untersuchung der Wahrheit auf beiden Wegen, weil der Mensch in den Dingen nicht vollkommen das Ganze und den Teil erkennen kann.

7 Wenn er dann sagt „forsan autem", führt er den Grund für die genannte Schwierigkeit an. Dabei muss beachtet werden, dass in allen Fällen, die in einem Verhältnis eines ersten zum einem zweiten bestehen, in Hindernis in doppelter Hinsicht sich entweder aus dem einen, oder dem anderen ergeben kann, wie wenn z.B. das Holz nicht brennt, dies entweder passiert, weil das Feuer zu schwach ist, oder weil das Holz nicht gut

brennbar ist. Ebenso wird das Auge am Sehen einer sichtbaren Sache gehindert, weil es entweder kränklich ist, oder das Objekt im Dunkeln liegt. So kann es also geschehen, dass die Wirklichkeit schwer zu erkennen ist, weil entweder ein Mangel bei den Dingen vorliegt, oder bei unserem Verstand.

8 Offensichtlich ist jedenfalls, dass bei gewissen Dingen sich die Erkenntnis der Wirklichkeit dieser Dinge schwierig wegen dieser Dinge gestaltet. Da eine jede Sache soweit erkennbar ist, wie sie wirklich ist, wie weiter unter im neunten Buch gesagt wird, sind die Dinge, die ein mangelhaftes und unvollkommenes Sein besitzen, von sich aus schlecht erkenntlich, wie es z.B. von der Materie, Bewegung und Zeit Boethius im Buch von den zwei Naturen sagt.

9 Nun gab es aber Philosophen, die den Grund für die Schwierigkeit der Erkenntnis der Wahrheit gänzlich in den Dingen annahmen, weil sie lehrten, es gäbe nichts Beständiges in den Dingen, sondern alles sei in beständigem Fluss, wie es weiter unter im vierten Buch beschrieben wird. Das aber schließt der Philosoph aus, wenn er sagt, dass eine Schwierigkeit bei der Erkenntnis der Wirklichkeit in Bezug auf verschiedene Dinge sich aus zwei Gründen ergeben kann, aus unserer Unzulänglichkeit nämlich, oder aus der der Dinge. Die grundlegende Ursache für die Schwierigkeit ist aber nicht die Unzulänglichkeit der Dinge, sondern unsere.

10 Das beweist er so: Es würde nämlich folgen, wäre die Schwierigkeit grundsätzlich von den Dingen verursacht, dass wir die Dinge besser erkennen würde, die besser wegen ihrer Natur erkenntlich sind. Am bestem aber nach ihrer Natur erkenntlich sind die Dinge, die in höchstem Maße wirklich sind, also die immateriellen und unbeweglichen Wesenheiten, die uns aber doch am wenigsten bekannt sind. Daher ist offensichtlich, dass die Schwierigkeit bei der Erkenntnis der Wirklichkeit hauptsächlich wegen der Unzulänglichkeit unseres Verstandes existiert. Daraus ergibt sich, dass das Erkenntnisvermögen unserer Seele sich zu den geistigen Wesenheiten, die von allen aus ihrer Natur am besten erkennbar sind, verhält, wie sich die Augen der Eulen zum Tageslicht verhalten, das sie nicht sehen können, obgleich sie doch in der Dunkelheit sehen. Und dies liegt an der Unzulänglichkeit ihres Sehsinnes.

11 Dieser Vergleich scheint aber unzutreffend zu sein. Der Sinn nämlich, der eine Potenz eines körperlichen Organs ist, wird durch den zu starken Sinneseindruck zerstört. Der Verstand aber, der ja keine Potenz eines körperlichen Organs ist, wird nicht von der Größe des Erkennbaren zerstört. Daher verstehen wir, wie es im dritten Buch von der Seele heißt, nach dem Verständnis eines klar verständlichen Dinges ein weniger verständliches nicht schlechter, sondern besser.

12 Man muss darauf antworten, dass der Sinn auf zwei Weisen an der Erkenntnis einer wahrnehmbaren Sache gehindert wird. Auf die eine Weise durch die Zerstörung des Organs durch einen zu starken Eindruck; und das kann dem Verstand nicht widerfahren. Die andere Weise besteht in einem Mangel der Ähnlichkeit des Sinnes mit dem Objekt. Die Seelenvermögen sind nämlich nicht in allen Lebewesen gleich stark. Wie es nun den Menschen von Natur aus trifft, dass er einen überaus schlechten Geruchssinn hat, so die Eule, dass sie einen empfindlichen Sehsinn hat, der kein rechtes Verhältnis zur Helligkeit des Tages hat.

13 Darum also, weil die menschliche Seele das geringste Wesen in der Ordnung der mit Verstand begabten Wesen ist, hat sie auch am wenigsten am Verstandesvermögen teil und wie sie selbst aus ihrem Wesen eine körperliche Wirklichkeit ist, ihr Verstandesvermögen aber doch keine Tätigkeit eines Organs dieses Körpers ist, so ist sie von Natur aus dazu geeignet, die Wirklichkeit der körperlichen und wahrnehmbaren Dinge zu erkennen. Diese Dinge sind zwar weniger erkennbar in Bezug auf ihr ihr körperliches Wesen, können aber doch durch die Abstraktion der Formen der Dinge aus den Sinneseindrücken erkannt werden. Und weil diese Weise der Wirklichkeitserfassung auf das Wesen der menschlichen Seele zutrifft, insofern sie die Form

dieses Körpers ist, (was von Natur aus ist, bleibt auch immer so), ist es unmöglich, dass die mit dem derartigen Körper vereinigte menschliche Seele etwas über das Wesen der Dinge erkennt, sofern sie sich nicht über das erheben kann, was sie durch die Abstraktion aus den Eindrücken erkennt. So ist es ihr unmöglich, sich zur Erkenntnis der Naturen der geistigen Substanzen zu erheben, weshalb es unmöglich ist, dass die mit dem derartigen menschlichen Körper vereinte Seele die unkörperlichen Wesen durch die Erkenntnis dessen, was sie sind, begreift.

14 Falsch scheint darum zu sein, was Averroes in seinem Kommentar an dieser Stelle sagt, weil Aristoteles hier nicht beweist, dass es für uns unmöglich wäre, abstrakte Dinge zu erkennen, wie es für die Fledermaus unmöglich ist, die Sonne zu sehen. Der Grund, den er dafür anführt, ist recht albern. Er merkt nämlich an, dass wenn es so wäre, die Natur sinnlos gewirkt hätte, weil sie das, was aus sich erkennbar ist, so geschaffen hätte, dass es von nichts Anderem erkannt würde; so als hätte sie die Sonne geschaffen, ohne dass sie je jemand sähe. Das ist aber unvernünftig: Zunächst, weil die Erkenntnis durch unseren Verstand nicht der Zweck der geistigen Wesenheiten ist, sondern umgekehrt verhält es sich. Daher folgt nicht, dass, wenn die geistigen Wesen nicht von uns erkannt werden, sie darum vergeblich

existieren. *Vergeblich* bedeutet nämlich, dass etwas sein Ziel nicht erreicht. Dann ist es unvernünftig, weil die geistigen Wesenheiten, auch wenn sie von uns nicht in ihrem Wesen erkannt werden, doch von anderen erkannt werden; wie z.B. zwar nicht das Auge der Fledermaus die Sonne sieht, aber doch das Auge des Adlers.

15 Wenn er dann sagt „non solum", zeigt er, wie sich die Menschen gegenseitig bei der Erkenntnis der Wahrheit helfen. Einer hilft dem anderen nämlich dabei auf zweierlei Weise: Auf die erste Weise direkt, sodann indirekt. In direkter Weise wird man von denen unterstützt, die die Wahrheit schon gefunden haben: Denn, wie gesagt wurde, wenn ein jeder Vorgänger einen Teil der Wahrheit fand und dies gesammelt wird, führt dies die Nachfolgenden zu einer größeren Erkenntnis der Wirklichkeit. Indirekt aber, insofern die früheren Philosophen durch ihre Irrtümer über die Wahrheit den nachfolgenden Gelegenheiten zur Übung gaben, sodass auf Grund der sorgfältigen Erörterungen die Wahrheit deutlicher erschien.

16 Es ist aber nur gerecht, dass wir denen, die uns bei einem so großen Gut, nämlich der Erkenntnis der Wahrheit, behilflich waren, danken. Und darum sagt er, dass es *gerecht ist, dankbar zu sein*, und nicht nur denen, von denen man glaubt, dass sie die Wahrheit fanden, und deren Meinungen man teilt und befolgt,

sondern auch denen, die unnützes über die Wahrheit gelehrt haben und deren Meinungen wir freilich nicht folgen, da ja auch diese uns weiterhelfen. Sie haben uns nämlich gewissermaßen eine Übung in Bezug auf die Suche nach der Wahrheit hinterlassen. Und Aristoteles bringt ein Beispiel von den Erfindern der Musik: Denn wenn es nicht *Timotheus gegeben hätte*, der viele Dinge in der Musik erfand, hätten wir heute noch vieles von dem wohl nicht, was wir über die Melodien wissen. Und wäre ihm nicht ein Philosoph namens *Phrynis* vorangegangen, wäre auch Timotheus nicht so gut über die Musik unterrichtet gewesen. Ebenso verhält es sich mit den Philosophen, die ganz allgemein über das Wesen der Dinge sprachen. Von manchen unserer Vorgänger haben wir darüber nämlich manche Meinungen übernommen, weil wir meinen, dass sie sich dabei gut ausgedrückt haben, und andere Meinungen wiederum übergehen wir. Und auch die, von denen wir gelernt haben, hatten Vorgänger, von denen sie lernten und die für sie eine Ursache des Lernens waren.

2. Lektion

Die höchste Wissenschaft von der Wahrheit und die Erkenntnis der letzten Ursachen

1 Nachdem nun der Philosoph gezeigt hat, wie sich der Mensch zur Erkenntnis der Wahrheit verhält, zeigt er nun, dass diese Erkenntnis ganz besonders zur ersten Philosophie gehört. Dabei tut er zwei Dinge und zeigt zunächst, dass am meisten zur ersten Philosophie die Erkenntnis der Wahrheit gehört, dann schließt er eine falsche Meinung aus, die gegen seine These angeführt werden könnte („at vero quod sit principium"). Beim ersten tut er wieder zweierlei. Zunächst zeigt er, dass die Erkenntnis der Wahrheit zur ersten Philosophie gehört, dann, dass dies auch bei ihr ganz besonders der Fall ist („nescimus autem verum sine causa"). Diese beiden Dinge beweist er wieder mit zwei Gründen, die weiter oben im Vorwort des Buches bewiesen wurden: Dass nämlich die Weisheit nicht praktisch, sondern theoretisch ist und sich mit der Erkenntnis der ersten Ursachen beschäftigt.

2 Aus dem ersten Teil leitet er nun die erste Schlussfolgerung ab: Die theoretische, also spekulative Wissenschaft, unterscheidet sich von der praktischen dem Ziel nach, da das Ziel der spekulativen Wissenschaft die Wahrheit ist. Dies ist es nämlich, was sie anstrebt, nämlich die Erkenntnis der Wahrheit. Das

Ziel der praktischen Wissenschaft ist aber ein Werk, da, auch wenn die handelnden Menschen die Wirklichkeit, wie sie sich in verschiedenen Dingen zeigt, verstehen wollen, sie das jedoch nicht als letztes Ziel wollen. Sie untersuchen die Ursache einer Wahrheit nämlich nicht wegen dieser selbst, sondern indem sie dies der Arbeit als Ziel unterordnen oder auf ein bestimmtes Einzelding oder auf eine bestimmte Zeit anwenden. Wenn wir daraus also schließen wollen, dass die Weisheit oder erste Philosophie nicht praktisch, sondern theoretisch ist, dann folgt daraus, dass sie zu Recht als Wissenschaft von der Wahrheit bezeichnet wird.

3 Da es nun viele theoretische Wissenschaften gibt, die die Wahrheit betrachten, wie z.B. die Geometrie oder Arithmetik, war es nötig daraufhin zu zeigen, dass die erste Philosophie von allen am meisten die Wahrheit sucht, und das deswegen, weil zuvor gezeigt wurde, dass sie die ersten Ursachen untersucht. Darum argumentiert er folgendermaßen: Wissen über etwas Wahres gibt es nur durch eine Ursache. Daraus folgt, dass die Wahrheiten, von denen man Kenntnis hat, auch Ursachen haben, die ebenfalls eine Wahrheit haben. Man kann nämlich nicht das Wahre durch das Falsche, sondern nur durch etwas Wahres erkennen. Daher muss auch die Erläuterung, die zum Wissen führt, von wahren Grundsätzen ausgehen, wie es im ersten Buch der Analytica Posteriora heißt.

4 Dann fügt er die folgende, allgemeine Behauptung hinzu, dass immer das unter anderen Dingen im höchsten Maße ausgesagt wird, wodurch etwas über die anderen Dinge im selben Sinn ausgesagtes in diesen Dingen verursacht wird. So ist z.B. das Feuer die Ursache für die Wärme in den zusammengesetzten Dingen. Daraus, dass die Wärme eindeutig vom Feuer und den materiellen Körpern ausgesagt wird, folgt, dass das Feuer am wärmsten ist.

5 Er erwähnt aber die Eindeutigkeit, weil es manchmal vorkommt, dass eine Wirkung nicht zur Ähnlichkeit mit ihrer Ursache in einer Art gelangt, weil die Ursache so weit höher ist, wie z.B. die Sonne zwar der Grund für die Wärme in den irdischen Dingen ist, die irdischen Körper jedoch nicht diese Einwirkung der Sonne und der anderen Himmelskörper in derselben Art empfangen können, da sie nicht die gleiche Materie haben. Darum sagen wir auch nicht, dass die Sonne wie das Feuer am wärmsten wäre, sondern, dass die Sonne mehr ist als das wärmste.

6 Der Begriff der Wahrheit gehört aber nicht zu irgendeiner Art, sondern ist allen seienden Dingen gemein. Daher folgt, weil das, was der Grund der Wahrheit ist, eine Ursache mit gleichem Namen und Sinn in Sicht auf ihre Wirkung ist, dass das, was für die Dinge der Grund ist, wahr zu sein, im höchstem Grade wahr ist.

7 Daraus schließt er außerdem, dass die Prinzipien der Dinge, die unvergänglich sind, wie der Himmelskörper, im höchstem Grade wahr sein müssen. Das ergibt sich aus zwei Gründen: Erstens, weil sie nicht *manchmal wahr und manchmal nicht wahr* sind, und dadurch in ihrer Wirklichkeit die Dinge übertreffen, die werden und vergehen, die ja bald sind und bald wieder nicht. Zweitens, weil sie keine Ursache haben, sondern selbst Ursache für das Sein der anderen Dinge sind. Und so überragen sie in ihrer Wahrheit und ihrem Sein die Himmelskörper. Diese haben, obwohl sie unvergänglich sind, doch eine Ursache nicht bloß, insofern sie sich bewegen, wie manche meinten, sondern auch, insofern sie sind, wie Aristoteles hier ausdrücklich anmerkt.

8 Und das hat seine Notwendigkeit, da es nötig ist, dass alles zusammengesetzte und bloß Teilhabende, auf das zurückgeführt wird als Ursache, was aus dem eigenen Wesen existiert. Alle körperlichen Dinge sind aber soweit wirklich existent, wie sie an irgendwelchen Formen teilhaben. Daher muss eine unkörperliche Substanz, die auch ihrem Wesen selbst ihre Form ist, das Prinzip eines körperlichen Wesens sein.

9 Wenn wir also dieser Schlussfolgerung hinzufügen, dass die erste Philosophie die ersten Ursachen betrachtet, folgt, wie es schon zuvor erwähnt wurde, dass sie die Dinge untersucht, die in höchstem Grade wahr sind. Daher ist sie auch im höchstem Maße die

Wissenschaft von der Wahrheit.

10 Daraus zieht er nun die logische Folge. Wenn es nämlich so ist, dass die Dinge, die für andere Dinge die Ursache ihres Daseins sind, in höchstem Grade wahr sind, dann folgt daraus, dass, so wie sich jede Sache zu dem verhält, was sie ist, sie sich auch zu dem verhält, dass sie wahr ist. Die Dinge nämlich, deren Sein nicht beständig ist, sind auch nicht in ihrer Wahrheit beständig. Und das ist so, weil das Sein einer Sache die Ursache der wahren Erkenntnis ist, die der Verstand von der Sache hat. Wahr und falsch existieren aber nicht in den Dingen, sondern im Verstand, wie es im sechsten Buch erläutert wird.

11 Wenn er schließlich sagt „at vero“, entfernt er ein Hindernis, durch das der vorangegangene Beweis hätte erschüttert werden können. Dieser Einwand ging daraus hervor, dass man annimmt, dass die erste Philosophie die ersten Ursachen untersucht. Das würde aber allen Sinn verlieren, wenn die Ursachen ins Unendliche fortschreiten würden, da es dann keine ersten Ursachen gäbe. Daher will er diesen Einwand auch entkräften und tut dabei zweierlei: Zunächst legt er das Ziel der Erörterung dar, dann beweist er es („mediorum enim extra quae est aliquid“). Er sagt also zunächst, dass es aus den vorherigen Erläuterungen klar ist, dass es irgendein Prinzip für das Sein und die Wahrheit der Dinge gibt. Es seien die Ursachen für die existierenden Dinge nicht unendlich, weder in einer

Art der Ursachen, wie z.B. nach Art der Wirkursache, noch unendlich der Art nach, also als ob es unendlich viele Arten der Ursachen gäbe.

12 Er erklärt sodann, was er mit „in einer Art der Ursachen" meint. Zuerst aber was die Materialursache anbelangt: Es ist nämlich unmöglich, hierin ins Unendliche fortzuschreiten, dass also eine Sache aus etwas wie aus der Materie entsteht, wie z.B. das Fleisch aus der Erde, die Erde aus der Luft, die Luft aus dem Feuer entstünde, und diese Reihe würde nirgends enden, sondern sich unendlich fortsetzen. Dann verdeutlicht er dies für die Wirkursache und sagt, dass es unmöglich ist, dass die Ursache, die man als Prinzip der Bewegung bezeichnet, ins Unendliche fortschreitet, wie wenn z.B. dazu bewegt wird, die Kleider abzulegen, weil es warm ist, die Luft ist aber von der Sonne erhitzt, die wiederum von etwas anderen bewegt wird und immer so weiter, Als drittes führt er aber ein Beispiel für die Finalursache an und sagt, dass nach dieser Art auch das nicht ins Unendliche fortschreiten kann, weswegen eine Sache geschieht, also die Finalursache. Das wäre, als würden wir sagen, dass wir wegen der Gesundheit spazieren, die Gesundheit aber wegen des Glücks wollen, das Glück aber wegen einer anderen Sache und immer so weiter. Zuletzt erwähnt er die Formalursache und sagt, dass es ebenfalls unmöglich ist, ins Unendliche fortzuschreiten bei der Ursache, durch die etwas ist,

was es ist, d.h. in der Formalursache, die durch die Definition beschrieben wird. Beispiele bringt er hierzu aber nicht, weil es offensichtlich und im ersten Buch der Analytica Posteriora bewiesen ist, dass man bei den Aussagen über die Dinge nicht unendlich fortschreiten kann, so als ob man den Menschen entsprechend seinem Wesen ein Lebewesen nennt, das Lebewesen wiederum etwas lebendiges und so immer weiter.

Sancti Thomae de Aquino Sententia libri Metaphysicae

Liber 1
Lectio 1

1 Huic autem scientiae Aristoteles prooemium praemittit, in quo duo tradit. Primo quidem ostendit circa quid haec scientia versetur. Secundo qualis sit ista scientia, ibi, quia vero non activa. Circa primum duo facit. Primo ostendit, quod huius scientiae, quae sapientia dicitur, est considerare causas. Secundo quales vel quas causas considerat, ibi, quoniam autem scientiam hanc. Circa primum praemittit quaedam ex quibus ad propositum arguit. Secundo ex praedictis rationem sumit, ibi, cuius autem gratia nunc. Circa primum duo facit. Primo ostendit in communi scientiae dignitatem. Secundo, ostendit cognitionis ordinem, ibi, animalia quidem igitur et cetera. Scientiae autem dignitatem ostendit per hoc quod naturaliter desideratur ab omnibus tamquam finis. Unde circa hoc duo facit. Primo proponit intentum. Secundo probat, ibi, signum autem. Proponit igitur primo, quod omnibus hominibus naturaliter desiderium inest ad sciendum.

2 Cuius ratio potest esse triplex: primo quidem, quia unaquaeque res naturaliter appetit perfectionem sui. Unde et materia dicitur appetere formam, sicut imperfectum appetit suam perfectionem. Cum igitur intellectus, a quo homo est id quod est, in se consideratus sit in potentia omnia, nec in actum eorum reducatur nisi per scientiam, quia nihil est eorum quae sunt, ante intelligere, ut dicitur in tertio de anima: sic naturaliter unusquisque desiderat scientiam sicut materia formam.

3 Secundo, quia quaelibet res naturalem inclinationem habet ad suam propriam operationem: sicut calidum ad calefaciendum, et grave ut deorsum moveatur. Propria autem operatio hominis inquantum homo, est intelligere. Per hoc enim ab omnibus aliis differt. Unde naturaliter desiderium hominis inclinatur ad intelligendum, et per consequens ad sciendum.

4 Tertio, quia unicuique rei desiderabile est, ut suo principio coniungatur; in hoc enim uniuscuiusque perfectio consistit. Unde et motus circularis est perfectissimus, ut probatur octavo physicorum, quia finem coniungit principio. Substantiis autem separatis, quae sunt principia intellectus humani, et ad quae intellectus humanus se habet ut imperfectum ad perfectum, non coniungitur homo nisi per

intellectum: unde et in hoc ultima hominis felicitas consistit. Et ideo naturaliter homo desiderat scientiam. Nec obstat si aliqui homines scientiae huic studium non impendant; cum frequenter qui finem aliquem desiderant, a prosecutione finis ex aliqua causa retrahantur, vel propter difficultatem perveniendi, vel propter alias occupationes. Sic etiam licet omnes homines scientiam desiderent, non tamen omnes scientiae studium impendunt, quia ab aliis detinentur, vel a voluptatibus, vel a necessitatibus vitae praesentis, vel etiam propter pigritiam vitant laborem addiscendi. Hoc autem proponit Aristoteles ut ostendat, quod quaerere scientiam non propter aliud utilem, qualis est haec scientia, non est vanum, cum naturale desiderium vanum esse non possit.

5 Deinde ostendit quod proposuerat, per signum: quia cum sensus ad duo nobis deserviant; scilicet ad cognitionem rerum, et ad utilitatem vitae; diliguntur a nobis propter seipsos, inquantum cognoscitivi sunt, et etiam propter hoc, quod utilitatem ad vitam conferunt. Et hoc patet ex hoc, quod ille sensus maxime ab omnibus diligitur, qui magis cognoscitivus est, qui est visus, quem diligimus non solum ad agendum aliquid, sed etiam si nihil agere deberemus. Cuius causa est, quia iste sensus, scilicet visus, inter omnes magis facit nos cognoscere, et plures differentias rerum nobis demonstrat.

6 In quo manifestum est quod duas praeeminentias visus in cognoscendo ad alios sensus ponit. Unam quidem quia perfectius cognoscit. Quod quidem visui accidit, eo quod spiritualior est inter omnes sensus. Quanto enim aliqua vis cognoscitiva est immaterialior, tanto est perfectior in cognoscendo. Quod autem visus sit immaterialior, patet si consideretur eius immutatio, qua ab obiecto immutatur. Nam, cum omnia alia sensibilia immutent organum et medium sensus secundum aliquam materialem immutationem, sicut tactus obiectum calefaciendo et infrigidando, obiectum vero gustus, afficiendo sapore aliquo organum gustus mediante saliva, obiectum autem auditus per motum corporalem, obiectum autem odoratus per fumalem evaporationem, solum obiectum visus non immutat nec organum nec medium nisi spirituali immutatione. Non enim pupilla nec aer coloratur, sed solum speciem coloris recipiunt secundum esse spirituale. Quia igitur sensus in actu consistit in actuali immutatione sensus ab obiecto, manifestum est illum sensum spiritualiorem esse in sua operatione, qui immaterialius et spiritualius immutatur. Et ideo visus certius et perfectius iudicat de sensibilibus inter alios sensus.

7 Aliam autem praeeminentiam ponit, quia nobis plura demonstrat. Quod quidem accidit ex ratione sui

obiecti. Tactus enim et gustus, et similiter odoratus et auditus sunt cognoscitivi illorum accidentium, in quibus distinguuntur inferiora corpora a superioribus. Visus autem est cognoscitivus illorum accidentium, in quibus communicant inferiora corpora cum superioribus. Nam visibile actu est aliquid per lucem, in qua communicant inferiora corpora cum superioribus, ut dicitur secundo de anima; et ideo corpora caelestia solo visu sunt sensibilia.

8 Est autem alia ratio, quia visus plures differentias rerum demonstrat; quia sensibilia corpora praecipue per visum et tactum cognoscere videmur, et adhuc magis per visum. Cuius ratio ex hoc sumi potest: quod alii tres sensus sunt cognoscitivi eorum quae a corpore sensibili quodammodo effluunt, et non in ipso consistunt: sicut sonus est a corpore sensibili, ut ab eo fluens et non in eo manens: et similiter fumalis evaporatio cum qua et ex qua odor diffunditur. Visus autem et tactus percipiunt illa accidentia quae rebus ipsis immanent, sicut color et calidum et frigidum. Unde iudicium tactus et visus extenditur ad res ipsas, iudicium autem auditus et odoratus ad ea quae a rebus ipsis procedunt, non ad res ipsas. Et inde est quod figura et magnitudo et huiusmodi, quibus ipsa res sensibilis disponitur, magis percipitur visu et tactu, quam aliis sensibus. Et adhuc amplius magis visu quam tactu, tum propter hoc quod visus habet maiorem

efficaciam ad cognoscendum, ut dictum est, tum propter hoc, quod quantitas et ea quae ad ipsam sequuntur, quae videntur esse sensibilia communia, proximius se habent ad obiectum visus quam ad obiectum tactus. Quod ex hoc patet, quod obiectum visus omne corpus habens aliquam quantitatem aliquo modo consequitur, non autem obiectum tactus.

9 Deinde cum dicit animalia quidem prosequitur de ordine cognitionis. Et primo quantum ad bruta animalia. Secundo quantum ad homines, ibi, alia quidem igitur et cetera. Circa vero bruta animalia tangit primo quidem id in quo omnia animalia communicant. Secundo id in quo animalia differunt, et seinvicem excedunt, ibi, ex sensibus. Communicant autem omnia animalia in hoc quod naturaliter sensus habent. Nam ex hoc animal est animal, quod habet animam sensitivam, quae natura est animalis, sicut forma unicuique propria est natura eius. Quamvis autem omnia animalia sensum habeant naturaliter, non tamen omnia habent omnes sensus, sed solum perfecta. Omnia vero habent sensum tactus. Ipse enim est quodammodo fundamentum omnium aliorum sensuum. Non autem habent omnia sensum visus, quia sensus visus est omnibus aliis perfectior in cognoscendo, sed tactus magis necessarius. Est enim cognoscitivus eorum, ex quibus animal constat, scilicet calidi, frigidi, humidi et sicci. Unde sicut visus

inter omnes est perfectior in cognoscendo, ita tactus est magis necessarius, utpote primus existens in via generationis. Ea enim quae sunt perfectiora, secundum hanc viam, sunt posteriora respectu illius individui, quod de imperfecto ad perfectionem movetur.

10 Deinde cum dicit ex sensibus ponit diversitatem cognitionis, quae est in brutis: et tangit etiam tres gradus cognitionis in huiusmodi animalibus. Quaedam enim sunt, quae licet sensum habeant, non tamen habent memoriam, quae ex sensu fit. Memoria enim sequitur phantasiam, quae est motus factus a sensu secundum actum, ut habetur in secundo de anima. In quibusdam vero animalibus ex sensu non fit phantasia, et sic in eis non potest esse memoria: et huiusmodi sunt animalia imperfecta, quae sunt immobilia secundum locum, ut conchilia. Cum enim animalibus cognitio sensitiva sit provisiva ad vitae necessitatem et ad propriam operationem, animalia illa memoriam habere debent, quae moventur ad distans motu progressivo: nisi enim apud ea remaneret per memoriam intentio praeconcepta, ex qua ad motum inducuntur, motum continuare non possent quousque finem intentum consequerentur. Animalibus vero immobilibus sufficit ad proprias operationes, praesentis sensibilis acceptio, cum ad distans non moveantur; et ideo sola imaginatione confusa habent

aliquem motum indeterminatum, ut dicitur tertio de anima.

11 Ex hoc autem, quod quaedam animalia memoriam habent, et quaedam non habent, sequitur quod quaedam sunt prudentia et quaedam non. Cum enim prudentia ex praeteritorum memoria de futuris provideat (unde secundum Tullium in secundo rhetoricae, partes eius ponuntur memoria, intelligentia, et providentia), in illis animalibus prudentia esse non potest, qui memoria carent. Illa vero animalia, quae memoriam habent, aliquid prudentiae habere possunt. Dicitur autem prudentia aliter in brutis animalibus, et aliter hominibus inesse. In hominibus quidem est prudentia secundum quod ex ratione deliberant quid eos oporteat agere; unde dicitur sexto Ethicorum, quod prudentia est recta ratio agibilium. Iudicium autem de rebus agendis non ex rationis deliberatione, sed ex quodam naturae instinctu, prudentia in aliis animalibus dicitur. Unde prudentia in aliis animalibus est naturalis aestimatio de convenientibus prosequendis, et fugiendis nocivis, sicut agnus sequitur matrem et fugit lupum.

12 Inter ea vero, quae memoriam habent, quaedam habent auditum et quaedam non. Quaecumque autem auditum non habent, ut apes, vel si quod aliud huiusmodi animal est, licet prudentiam habere possint, non tamen sunt disciplinabilia, ut scilicet per

alterius instructionem possint assuescere ad aliquid faciendum vel vitandum: huiusmodi enim instructio praecipue recipitur per auditum: unde dicitur in libro de sensu et sensato, quod auditus est sensus disciplinae. Quod autem dicitur apes auditum non habere, non repugnat ei, quod videntur ex quibusdam sonis exterreri. Nam sicut sonus vehemens occidit animal, et scindit lignum, ut in tonitruo patet, non propter sonum, sed propter commotionem aeris vehementem in quo est sonus: ita animalia, quae auditu carent, iudicium de sonis non habendo possunt per sonos aereos exterreri. Illa vero animalia, quae memoriam et auditum habent, et disciplinabilia et prudentia esse possunt.

13 Patet igitur tres esse gradus cognitionis in animalibus. Primus est eorum, quae nec auditum nec memoriam habent: unde nec disciplinabilia sunt, nec prudentia. Secundus est eorum quae habent memoriam, sed non auditum; unde sunt prudentia, et non disciplinabilia. Tertius est eorum, quae utrumque habent, et sunt prudentia et disciplinabilia. Quartus autem modus esse non potest, ut scilicet sit aliquod animal, quod habeat auditum, et non habeat memoriam. Sensus enim, qui per exterius medium suum sensibile apprehendunt, inter quos est auditus, non sunt nisi in animalibus quae moventur motu

progressivo, quibus memoria deesse non potest, ut dictum est.

14 Deinde cum dicit alia quidem ostendit gradus cognitionis humanae. Et circa hoc duo facit. Primo namque ostendit in quo cognitio humana excedit praedictorum cognitionem. Secundo ostendit quomodo humana cognitio per diversos gradus distribuatur, ibi, fit autem ex memoria. Dicit ergo in prima parte, quod vita animalium regitur imaginatione et memoria: imaginatione quidem, quantum ad animalia imperfecta; memoria vero quantum ad animalia perfecta. Licet enim et haec imaginationem habeant, tamen unumquodque regi dicitur ab eo quod est principalius in ipso. Vivere autem hic non accipitur secundum quod est esse viventis, sicut accipitur in secundo de anima: cum dicitur, vivere viventibus est esse. Nam huiusmodi vivere animalis non est ex memoria et imaginatione, sed praecedit utrumque. Accipitur autem vivere pro actione vitae, sicut et conversationem hominum vitam dicere solemus. In hoc vero, quod cognitionem animalium determinat per comparationem ad regimen vitae, datur intelligi quod cognitio inest ipsis animalibus non propter ipsum cognoscere, sed propter necessitatem actionis.

15 Supra memoriam autem in hominibus, ut infra dicetur, proximum est experimentum, quod quaedam animalia non participant nisi parum. Experimentum enim est ex collatione plurium singularium in memoria receptorum. Huiusmodi autem collatio est homini propria, et pertinet ad vim cogitativam, quae ratio particularis dicitur: quae est collativa intentionum individualium, sicut ratio universalis intentionum universalium. Et, quia ex multis sensibus et memoria animalia ad aliquid consuescunt prosequendum vel vitandum, inde est quod aliquid experimenti, licet parum, participare videntur. Homines autem supra experimentum, quod pertinet ad rationem particularem, habent rationem universalem, per quam vivunt, sicut per id quod est principale in eis.

16 Sicut autem se habet experimentum ad rationem particularem, et consuetudo ad memoriam in animalibus, ita se habet ars ad rationem universalem. Ideo sicut perfectum vitae regimen est animalibus per memoriam adiuncta assuefactione ex disciplina, vel quomodolibet aliter, ita perfectum hominis regimen est per rationem arte perfectam. Quidam tamen ratione sine arte reguntur; sed hoc est regimen imperfectum.

17 Deinde cum dicit fit autem ostendit diversos gradus humanae cognitionis. Et circa hoc duo facit. Primo comparat experimentum ad artem quidem. Secundo comparat artem speculativam ad activam, ibi, primum igitur conveniens et cetera. Circa primum duo facit. Primo ostendit generationem artis et experimenti. Secundo praeeminentiam unius ad alterum, ibi, ad agere quidem igitur et cetera. Circa primum duo facit. Primo proponit utriusque praedictorum generationem. Secundo manifestat per exemplum, ibi, acceptionem quidem enim et cetera. Circa primum duo facit. Primo ponit generationem experimenti. Secundo artis generationem ibi, hominibus autem et cetera. Dicit ergo primo, quod ex memoria in hominibus experimentum causatur. Modus autem causandi est iste; quia ex multis memoriis unius rei accipit homo experimentum de aliquo, quo experimento potens est ad facile et recte operandum. Et ideo quia potentiam recte et faciliter operandi praebet experimentum, videtur fere esse simile arti et scientiae. Est enim similitudo eo quod utrobique ex multis una acceptio alicuius rei sumitur. Dissimilitudo autem, quia per artem accipiuntur universalia, per experimentum singularia, ut postea dicetur.

18 Deinde cum dicit hominibus autem ponit generationem artis: et dicit, quod ex experientia in hominibus fit scientia et ars: et probat per

auctoritatem Poli, qui dicit, quod experientia facit artem, sed inexperientia casum. Quando enim aliquis inexpertus recte operatur, a casu est. Modus autem, quo ars fit ex experimento, est idem cum modo praedicto, quo experimentum fit ex memoria. Nam sicut ex multis memoriis fit una experimentalis scientia, ita ex multis experimentis apprehensis fit universalis acceptio de omnibus similibus. Unde plus habet hoc ars quam experimentum: quia experimentum tantum circa singularia versatur, ars autem circa universalia.

19 Quod consequenter per exempla exponit, cum dicit, acceptionem quidem etc.: quia cum homo accepit in sua cognitione quod haec medicina contulit Socrati et Platoni tali infirmitate laborantibus, et multis aliis singularibus, quidquid sit illud, hoc ad experientiam pertinet: sed, cum aliquis accipit, quod hoc omnibus conferat in tali specie aegritudinis determinata, et secundum talem complexionem, sicut quod contulit febricitantibus et phlegmaticis et cholericis, id iam ad artem pertinet.

20 Deinde cum dicit ad agere comparat artem ad experimentum per modum praeeminentiae. Et secundum hoc duo facit. Primo comparat quantum ad actionem. Secundo quantum ad cognitionem, ibi, sed tamen scire et cetera. Dicit ergo, quod quantum ad

actum pertinet, experientia nihil videtur differre ab arte. Cum enim ad actionem venitur, tollitur differentia, quae inter experimentum et artem erat per universale et singulare: quia sicut experimentum circa singularia operatur, ita et ars; unde praedicta differentia erat in cognoscendo tantum. Sed quamvis in modo operandi ars et experimentum non differant, quia utraque circa singularia operatur, differunt tamen in efficacia operandi. Nam experti magis proficiunt in operando illis qui habent rationem universalem artis sine experimento.

21 Cujus causa est, quia actiones sunt circa singularia, et singularium sunt omnes generationes. Universalia enim non generantur nec moventur nisi per accidens, inquantum hoc singularibus competit. Homo enim generatur hoc homine generato. Unde medicus non sanat hominem nisi per accidens; sed per se sanat Platonem aut Socratem, aut aliquem hominem singulariter dictum, cui convenit esse hominem, vel accidit inquantum est curatus. Quamvis enim esse hominem per se conveniat Socrati, tamen curato et medicato per accidens convenit: haec est enim per se, Socrates est homo: quia si Socrates definiretur, poneretur homo in eius definitione, ut in quarto dicetur. Sed haec est per accidens, curatus vel sanatus est homo.

22 Unde cum ars sit universalium, experientia singularium, si aliquis habet rationem artis sine experientia, erit quidem perfectus in hoc quod universale cognoscat; sed quia ignorat singulare cum experimento careat, multotiens in curando peccabit: quia curatio magis pertinet ad singulare quam ad universale, cum ad hoc pertineat per se, ad illud per accidens.

23 Deinde cum dicit sed tamen comparat experimentum ad artem quantum ad cognitionem. Et circa hoc duo facit. Primo ponit praeeminentiam artis ad experimentum. Secundo probat, ibi, hoc autem est quia hi quidem et cetera. Proponit autem praeeminentiam artis et scientiae quantum ad tria. Scilicet quantum ad scire, quod quidem magis arbitramur esse per artem quam per experimentum. Item quantum ad obviare, quod in disputationibus accidit. Nam habens artem potest disputando obviare his quae contra artem dicuntur, non autem habens experimentum. Item quantum ad hoc quod artifices plus accedunt ad finem sapientiae, quam experti, tamquam magis sit, idest contingat, scire sapientiam sequentem omnia, idest dum sequitur universalia. Ex hoc enim artifex sapientior iudicatur, quam expertus quia universalia considerat. Vel aliter. Tamquam magis sit scire secundum sapientiam omnia sequentem, idest universalia. Alia litera, tamquam

magis secundum scire sapientia omnia sequente: quasi dicat: tamquam sapientia sequente omnia idest consequente ad unumquodque, magis sit secundum scire, quam secundum operari: ut scilicet dicantur sapientes magis qui magis sciunt, non qui magis sunt operativi. Unde alia litera hunc sensum habet planiorem, qui sic dicit: tamquam secundum illud quod est scire magis, omnes sequuntur sapientiam.

24 Consequenter cum dicit hoc autem probat praedictam praeeminentiam tripliciter. Prima probatio talis est. Illi, qui sciunt causam et propter quid, scientiores sunt et sapientiores illis qui ignorant causam, sed solum sciunt quia. Experti autem sciunt quia, sed nesciunt propter quid. Artifices vero sciunt causam, et propter quid, et non solum quia: ergo sapientiores et scientiores sunt artifices expertis.

25 Primo primam probat cum dicit, unde et architectores et cetera. Probatio talis est. Illi qui sciunt causam et propter quid comparantur ad scientes tantum quia, sicut architectonicae artes ad artes artificum manu operantium. Sed architectonicae artes sunt nobiliores: ergo et illi qui sciunt causas et propter quid, sunt scientiores et sapientiores scientibus tantum quia.

26 Huius probationis prima ex hoc apparet, quia architectores sciunt causas factorum. Ad cuius intellectum sciendum est, quod architector dicitur quasi principalis artifex: ab archos quod est princeps, et techne quod est ars. Dicitur autem ars principalior illa, quae principaliorem operationem habet. Operationes autem artificum hoc modo distinguuntur: quia quaedam sunt ad disponendum materiam artificii, sicut carpentarii secando ligna et complanando disponunt materiam ad formam navis. Alia est operatio ad inductionem formae; sicut cum aliquis ex lignis dispositis et praeparatis navem compaginat. Alia est operatio in usum rei iam constitutae; et ista est principalissima. Prima autem est infima, quia prima ordinatur ad secundam, et secunda ad tertiam. Unde navisfactor est architector respectu eius qui praeparat ligna. Gubernator autem, qui utitur navi iam facta, est architector respectu navis factoris.

27 Et, quia materia est propter formam, et talis debet esse materia quae formae competat, ideo navisfactor scit causam, quare ligna debeant esse sic disposita; quod nesciunt illi qui praeparant ligna. Similiter, cum tota navis sit propter usum ipsius, ille qui navi utitur, scit quare talis forma debeat esse; ad hoc enim debet talis esse, ut tali usui conveniens sit. Et sic patet, quod ex forma artificii sumitur causa operationum, quae

sunt circa dispositionem materiae. Et ex usu sumitur causa operationum, quae sunt circa formam artificiati.

28 Et sic manifestum est, quod architectores factorum causas sciunt. Illos vero, scilicet manu artifices, iudicamus vel denominamus, sicut quaedam inanimatorum. Et hoc non ideo quia faciunt operationes artificiales, sed quia quae faciunt, incognita faciunt. Sciunt enim quia, sed causas non cognoscunt; sicut etiam ignis exurit absque aliqua cognitione. Est igitur quantum ad hoc similitudo inter inanimata et manu artifices, quod sicut absque causae cognitione inanimata operantur ut ordinata ab aliquo superiori intellectu in proprium finem, ita et manu artifices. Sed in hoc est differentia: quia inanimata faciunt unumquodque suorum operum per naturam, sed manu artifices per consuetudinem: quae licet vim naturae habeat inquantum ad unum inclinat determinate, tamen a natura differt in hoc, quod est circa ea quae sunt ad utrumlibet secundum humanam cognitionem. Naturalia enim non consuescimus, sicut dicitur in secundo Ethicorum. Nec etiam cognitione carentium est consuescere. Haec autem quae dicta sunt, sic sunt consideranda tamquam ex eis appareat, quod aliqui non sunt sapientiores secundum quod est practicos, id est operatores esse, quod convenit expertis; sed secundum quod aliqui habent rationem de agendis, et cognoscunt causas agendorum, ex

quibus rationes sumuntur: quod convenit architectoribus.

29 Deinde cum dicit et omnino ponit secundam rationem: quae talis est. Signum scientis est posse docere: quod ideo est, quia unumquodque tunc est perfectum in actu suo, quando potest facere alterum sibi simile, ut dicitur quarto Meteororum. Sicut igitur signum caliditatis est quod possit aliquid calefacere, ita signum scientis est, quod possit docere, quod est scientiam in alio causare. Artifices autem docere possunt, quia cum causas cognoscant, ex eis possunt demonstrare: demonstratio autem est syllogismus faciens scire, ut dicitur primo posteriorum. Experti autem non possunt docere, quia non possunt ad scientiam perducere cum causam ignorent. Et si ea quae experimento cognoscunt aliis tradant, non recipientur per modum scientiae, sed per modum opinionis vel credulitatis. Unde patet quod artifices sunt magis sapientes et scientes expertis.

30 Deinde cum dicit amplius autem ponit tertiam rationem; quae talis est. Cognitiones singularium magis sunt propriae sensibus quam alicui alteri cognitioni, cum omnis cognitio singularium a sensu oriatur. Sed tamen, nec unum, idest nullum sensum dicimus sapientiam, scilicet propter hoc quod licet aliquis sensus cognoscat quia, tamen, non propter quid

cognoscit. Tactus enim iudicat quod ignis calidus est, non tamen apprehendit propter quid: ergo experti qui habent singularium cognitionem causam ignorantes, sapientes dici non possunt.

31 Deinde cum dicit primum quidem comparat artem activam speculativae. Et circa hoc duo facit. Primo ostendit, quod ars speculativa magis est sapientia quam activa. Secundo respondet cuidam obiectioni, ibi, in moralibus. Ostendit autem quod primo dictum est, tali ratione. In quibuscumque scientiis vel artibus invenitur id propter quod homines scientes prae aliis hominibus in admiratione vel honore habentur, illae scientiae sunt magis honorabiles, et magis dignae nomine sapientiae. Quilibet autem inventor artis habetur in admiratione, propter hoc quod habet sensum et iudicium et discretionem causae ultra aliorum hominum sensum, et non propter utilitatem illorum quae invenit: sed magis admiramur, sicut sapientem et ab aliis distinguentem. Sapientem quidem, quantum ad subtilem inquisitionem causarum rei inventae: distinguentem vero, quantum ad investigationem differentiarum unius rei ad aliam. Vel aliter, ab aliis distinguentem, ut passive legatur, quasi in hoc ab aliis distinguatur. Unde alia litera habet, differentem. Ergo scientiae aliquae sunt magis admirabiles et magis dignae nomine sapientiae

propter eminentiorem sensum, et non propter utilitatem.

32 Cum igitur plures artes sint repertae quantum ad utilitatem, quarum quaedam sunt ad vitae necessitatem, sicut mechanicae; quaedam vero ad introductionem in aliis scientiis, sicut scientiae logicales: illi artifices dicendi sunt sapientiores, quorum scientiae non sunt ad utilitatem inventae, sed propter ipsum scire, cuiusmodi sunt scientiae speculativae.

33 Et quod speculativae scientiae non sint inventae ad utilitatem, patet per hoc signum: quia, iam partis, id est acquisitis vel repertis omnibus huiusmodi, quae possunt esse ad introductionem in scientiis, vel ad necessitatem vitae, vel ad voluptatem, sicut artes quae sunt ordinatae ad hominum delectationem: speculativae non sunt propter huiusmodi repertae, sed propter seipsas. Et quod non sint ad utilitatem inventae, patet ex loco quo inventae sunt. In locis enim illis primo repertae sunt, ubi primo homines studuerunt circa talia. Alia litera habet, et primum his locis ubi vacabant, id est ab aliis occupationibus quiescentes studio vacabant quasi necessariis abundantes. Unde et circa Aegyptum primo inventae sunt artes mathematicae, quae sunt maxime speculativae, a sacerdotibus, qui sunt concessi studio

vacare, et de publico expensas habebant, sicut etiam legitur in Genesi.

34 Sed quia usus nomine artis fuerat et sapientiae et scientiae quasi indifferenter, ne aliquis putet haec omnia esse nomina synonyma idem penitus significantia hanc opinionem removet, et remittit ad librum Moralium, idest ad sextum Ethicorum, ubi dictum est, in quo differant scientia et ars et sapientia et prudentia et intellectus. Et ut breviter dicatur, sapientia et scientia et intellectus sunt circa partem animae speculativam, quam ibi scientificum animae appellat. Differunt autem, quia intellectus est habitus principiorum primorum demonstrationis. Scientia vero est conclusionis ex causis inferioribus. Sapientia vero considerat causas primas. Unde ibidem dicitur caput scientiarum. Prudentia vero et ars est circa animae partem practicam, quae est ratiocinativa de contingentibus operabilibus a nobis. Et differunt: nam prudentia dirigit in actionibus quae non transeunt ad exteriorem materiam, sed sunt perfectiones agentis: unde dicitur ibi quod prudentia est recta ratio agibilium. Ars vero dirigit in factionibus, quae in materiam exteriorem transeunt, sicut aedificare et secare: unde dicitur quod ars est recta ratio factibilium.

35 Deinde cum dicit cuius autem ostendit ex praehabitis principale propositum; quod scilicet sapientia sit circa causas. Unde dicit quod hoc est cuius gratia nunc sermonem facimus, idest ratiocinationem praedictam: quia scientia illa quae denominatur sapientia, videtur esse circa primas causas, et circa prima principia. Quod quidem patet ex praehabitis. Unusquisque enim tanto sapientior est, quanto magis accedit ad causae cognitionem: quod ex praehabitis patet; quia expertus est sapientior eo qui solum habet sensum sine experimento. Et artifex est sapientior experto quocumque. Et inter artifices architector est sapientior manu artifice. Et inter artes etiam et scientias, speculativae sunt magis scientiae quam activae. Et haec omnia ex praedictis patent. Unde relinquitur quod illa scientia, quae simpliciter est sapientia, est circa causas. Et est similis modus arguendi, sicut si diceremus: illud quod est magis calidum, est magis igneum: unde quod simpliciter est ignis, est calidum simpliciter.

Lectio 2

1 Postquam philosophus ostendit quod sapientia sit quaedam scientia circa causas existens, hic vult ostendere circa quales causas et circa qualia principia

sit. Ostendit autem quod est circa causas maxime universales et primas; et argumentatur a definitione sapientiae. Unde circa hoc tria facit. Primo colligit definitionem sapientiae ex his quae homines de homine sapiente et sapientia opinantur. Secundo ostendit quod omnia ista conveniunt universali scientiae, quae considerat causas primas et universales, ibi, istorum autem et cetera. Tertio concludit propositum, ibi, ex omnibus ergo et cetera. Circa primum ponit sex opiniones hominum communes quae de sapientia habentur. Primam, ibi, primum itaque et cetera. Quae talis est: quod communiter omnes accipimus sapientem maxime scire omnia, sicut eum decet, non quod habeat notitiam de omnibus singularibus. Hoc enim est impossibile, cum singularia sint infinita, et infinita intellectu comprehendi non possint.

2 Deinde cum dicit postea difficilia secundam ponit: et est ista, quod illum sapientem ponimus esse, qui est potens ex virtute sui intellectus cognoscere difficilia, et illa quae non sunt levia communiter hominibus ad sciendum; quia commune est omnibus sentire, idest sensibilia cognoscere. Unde hoc est facile, et non est sophon, idest aliquid sapientis et ad sapientem pertinens: et sic patet, quod id quod proprie ad sapientem pertinet, non leviter ab omnibus cognoscitur.

3 Deinde cum dicit adhuc certiorem tertiam ponit: et est, quod nos dicimus illum sapientem esse qui de his quae scit, habet certitudinem magis quam alii communiter habeant.

4 Deinde cum dicit et magis quartam ponit: et est talis. Illum dicimus magis sapientem in omni scientia, qui potest assignare causas cuiuslibet quaesiti, et per hoc docere.

5 Deinde cum dicit sed et hanc quintam ponit: et est, quod illa de numero scientiarum est sapientia, quae per se est magis eligibilis et voluntaria, idest volita gratia scientiae, et propter ipsum scire, quam illa scientia, quae est causa quorumque aliorum contingentium quae possunt ex scientia generari; cuiusmodi est necessitas vitae, delectatio et huiusmodi alia.

6 Deinde cum dicit et hanc sextam ponit: et est talis, quod istam sapientiam, de qua facta est mentio, oportet esse vel dicimus esse magis antiquiorem, idest digniorem, famulante scientia. Quod quidem ex praehabitis intelligi potest. Nam in artibus mechanicis famulantes sunt illae, quae exequuntur manu operando praecepta superiorum artificum, quos supra architectores et sapientes nominavit.

7 Et quod magis conveniat ratio sapientiae scientiis imperantibus quam famulantibus, probat per duo. Primo, quia scientiae famulantes ordinantur a superioribus scientiis. Artes enim famulantes ordinantur in finem superioris artis, sicut ars equestris ad finem militaris. Sed sapientem secundum omnem opinionem non decet ordinari ab alio, sed ipsum potius alios ordinare. Item inferiores architectores persuadentur a superioribus, inquantum credunt superioribus artificibus circa operanda vel fienda. Credit enim navisfactor gubernatori docenti qualis debet esse forma navis. Sapienti autem non convenit ut ab alio persuadeatur, sed quod ipse aliis persuadeat suam scientiam.

8 Istae igitur sunt tales opiniones, quas homines accipiunt de sapientia et sapiente. Ex quibus omnibus potest quaedam sapientiae descriptio formari: ut ille sapiens dicatur, qui scit omnia etiam difficilia per certitudinem et causam, ipsum scire propter se quaerens, alios ordinans et persuadens. Et sic patet quasi maior syllogismi. Nam omnem sapientem oportet talem esse; et e converso, quicumque est talis, sapiens est.

9 Deinde cum dicit istorum autem ostendit quod omnia praedicta conveniunt ei qui cognoscit primas causas et

universales; et eo ordine prosequitur quo supra posuit. Unde primo posuit quod habenti scientiam universalem maxime insit omnia scire; quod erat primum. Quod sic patet. Quicumque enim scit universalia, aliquo modo scit ea quae sunt subiecta universalibus, quia scit ea in illa: sed his quae sunt maxime universalia sunt omnia subiecta, ergo ille qui scit maxime universalia, scit quodammodo omnia.

10 Deinde cum dicit sed fere autem ostendit eidem inesse secundum, tali ratione. Illa quae sunt maxime a sensibilibus remota, difficilia sunt hominibus ad cognoscendum; nam sensitiva cognitio est omnibus communis, cum ex ea omnis humana cognitio initium sumat. Sed illa quae sunt maxime universalia, sunt sensibilibus remotissima, eo quod sensus singularium sunt: ergo universalia sunt difficillima hominibus ad cognoscendum. Et sic patet quod illa scientia est difficillima, quae est maxime de universalibus.

11 Sed contra hoc videtur esse quod habetur primo physicorum. Ibi enim dicitur quod magis universalia sunt nobis primo nota. Illa autem quae sunt primo nota, sunt magis facilia. Sed dicendum, quod magis universalia secundum simplicem apprehensionem sunt primo nota, nam primo in intellectu cadit ens, ut Avicenna dicit, et prius in intellectu cadit animal quam homo. Sicut enim in esse naturae quod de potentia in

actum procedit prius est animal quam homo, ita in generatione scientiae prius in intellectu concipitur animal quam homo. Sed quantum ad investigationem naturalium proprietatum et causarum, prius sunt nota minus communia; eo quod per causas particulares, quae sunt unius generis vel speciei, pervenimus in causas universales. Ea autem quae sunt universalia in causando, sunt posterius nota quo ad nos, licet sint prius nota secundum naturam, quamvis universalia per praedicationem sint aliquo modo prius quo ad nos nota quam minus universalia, licet non prius nota quam singularia; nam cognitio sensus qui est cognoscitivus singularium, in nobis praecedit cognitionem intellectivam quae est universalium. Facienda est etiam vis in hoc quod maxime universalia non dicit simpliciter esse difficillima, sed fere. Illa enim quae sunt a materia penitus separata secundum esse, sicut substantiae immateriales, sunt magis difficilia nobis ad cognoscendum, quam etiam universalia: et ideo ista scientia, quae sapientia dicitur, quamvis sit prima in dignitate, est tamen ultima in addiscendo.

12 Deinde cum dicit scientiarum vero ostendit tertium eidem inesse, tali ratione. Quanto aliquae scientiae sunt priores naturaliter, tanto sunt certiores: quod ex hoc patet, quia illae scientiae, quae dicuntur ex additione ad alias, sunt minus certae scientiis quae

pauciora in sua consideratione comprehendunt ut arithmetica certior est geometria, nam ea quae sunt in geometria, sunt ex additione ad ea quae sunt in arithmetica. Quod patet si consideremus quid utraque scientia considerat ut primum principium scilicet unitatem et punctum. Punctus enim addit supra unitatem situm: nam ens indivisibile rationem unitatis constituit: et haec secundum quod habet rationem mensurae, fit principium numeri. Punctus autem supra hoc addit situm. Sed scientiae particulares sunt posteriores secundum naturam universalibus scientiis, quia subiecta earum addunt ad subiecta scientiarum universalium: sicut patet, quod ens mobile de quo est naturalis philosophia, addit supra ens simpliciter, de quo est metaphysica, et supra ens quantum de quo est mathematica: ergo scientia illa quae est de ente, et maxime universalibus, est certissima. Nec illud est contrarium, quia dicitur esse ex paucioribus, cum supra dictum sit, quod sciat omnia. Nam universale quidem comprehendit pauciora in actu, sed plura in potentia. Et tanto aliqua scientia est certior, quanto ad sui subiecti considerationem pauciora actu consideranda requiruntur. Unde scientiae operativae sunt incertissimae, quia oportet quod considerent multas singularium operabilium circumstantias.

13 Deinde cum dicit est et doctrinalis ostendit quartum eidem inesse, tali ratione. Illa scientia est magis doctrix vel doctrinalis, quae magis considerat causas: illi enim soli docent, qui causas de singulis dicunt; quia scire per causam est, et docere est scientiam in aliquo causare. Sed illa scientia quae universalia considerat, causas primas omnium causarum considerat: unde patet quod ipsa est maxime doctrix.

14 Deinde cum dicit et noscere ostendit quintum eidem inesse, tali ratione. Illarum scientiarum maxime est scire et cognoscere earum causa, idest propter seipsas et non propter alias, quae sunt de maxime scibilibus: sed illae scientiae quae sunt de primis causis, sunt de maxime scibilibus: igitur illae scientiae maxime sui gratia desiderantur. Primam sic probat. Qui desiderat scire propter scire, magis desiderat scientiam: sed maxima scientia est de maxime scibilibus: ergo illae scientiae sunt magis desideratae propter seipsas quae sunt de magis scibilibus. Secundam probat sic. Illa, ex quibus et propter quae alia cognoscuntur, sunt magis scibilia his quae per ea cognoscuntur: sed per causas et principia alia cognoscuntur et non e converso, et cetera.

15 Deinde cum dicit maxime vero ostendit sextum inesse eidem: et est ratio talis. Illa scientia se habet ad alias ut principalis, sive ut architectonica ad servilem

sive ad famulantem, quae considerat causam finalem, cuius causa agenda sunt singula; sicut apparet in his, quae supra diximus. Nam gubernator, ad quem pertinet usus navis, qui est finis navis, est quasi architector respectu navisfactoris, qui ei famulatur. Sed praedicta scientia maxime considerat causam finalem rerum omnium. Quod ex hoc patet, quia hoc cuius causa agendo sunt singula, est bonum uniuscuiusque, idest particulare bonum. Finis autem bonum est in unoquoque genere. Id vero, quod est finis omnium, idest ipsi universo, est hoc quod est optimum in tota natura: et hoc pertinet ad considerationem praedictae scientiae: ergo praedicta est principalis, sive architectonica omnium aliarum.

16 Deinde cum dicit ex omnibus concludit ex praedictis conclusionem intentam; dicens, quod ex omnibus praedictis apparet, quod in eamdem scientiam cadit nomen sapientiae, quod quaerimus; scilicet in illam scientiam, quae est theorica, idest speculativa primorum principiorum et causarum. Hoc autem manifestum est quantum ad sex primas conditiones, quae manifeste pertinent consideranti universales causas. Sed, quia sexta conditio tangebat finis considerationem, quae apud antiquos non manifeste ponebatur esse causa, ut infra dicetur; ideo specialiter ostendit, quod haec conditio est eiusdem scientiae, quae scilicet est considerativa primarum causarum;

quia videlicet ipse finis, qui est bonum, et cuius causa fiunt alia, est una de numero causarum. Unde scientia, quae considerat primas et universales causas, oportet etiam quod consideret universalem finem omnium, quod est optimum in tota natura.

Lectio 3

1 Ostenso circa quae versatur consideratio huius scientiae, ostendit qualis sit scientia ista. Et circa hoc duo facit. Primo ostendit dignitatem huius scientiae. Secundo ostendit ad quem terminum ista scientia pervenire conetur, ibi, oportet vero aliqualiter et cetera. Circa primum facit quatuor. Primo ostendit quod non est scientia activa, sed speculativa. Secundo, quod ipsa est libera maxime, ibi, sed ut dicimus et cetera. Tertio, quod non est humana, ibi, propter quod et iuste. Quarto, quod est honorabilissima, ibi, nec ea aliam. Primum ostendit dupliciter. Primo per rationem. Secundo per signum, ibi, testatur autem hoc et cetera.

2 Primo ergo ponit talem rationem. Nulla scientia in qua quaeritur ipsum scire propter seipsum, est scientia activa, sed speculativa: sed illa scientia, quae sapientia est, vel philosophia dicitur, est propter ipsum scire: ergo est speculativa et non activa.

Minorem hoc modo manifestat. Quicumque quaerit fugere ignorantiam sicut finem, tendit ad ipsum scire propter seipsum: sed illi, qui philosophantur, quaerunt fugere ignorantiam sicut finem: ergo tendunt in ipsum scire propter seipsum.

3 Quod autem ignorantiam fugere quaerant, patet ex hoc, quia illi, qui primo philosophati sunt, et qui nunc philosophantur, incipiunt philosophari propter admirationem alicuius causae: aliter tamen a principio, et modo: quia a principio admirabantur dubitabilia pauciora, quae magis erant in promptu, ut eorum causae cognoscerentur: sed postea ex cognitione manifestorum ad inquisitionem occultorum paulatim procedentes incoeperunt dubitare de maioribus et occultioribus, sicut de passionibus lunae, videlicet de eclypsi eius, et mutatione figurae eius, quae variari videtur, secundum quod diversimode se habet ad solem. Et similiter dubitaverunt de his quae sunt circa solem, ut de eclypsi eius, et motu ipsius, et magnitudine eius. Et de his quae sunt circa astra, sicut de quantitate ipsorum, et ordine, et aliis huiusmodi, et de totius universi generatione. Quod quidam dicebant esse generatum casu, quidam intellectu, quidam amore.

4 Constat autem, quod dubitatio et admiratio ex ignorantia provenit. Cum enim aliquos manifestos

effectus videamus, quorum causa nos latet, eorum tunc causam admiramur. Et ex quo admiratio fuit causa inducens ad philosophiam, patet quod philosophus est aliqualiter philomythes, idest amator fabulae, quod proprium est poetarum. Unde primi, qui per modum quemdam fabularem de principiis rerum tractaverunt, dicti sunt poetae theologizantes, sicut fuit Perseus, et quidam alii, qui fuerunt septem sapientes. Causa autem, quare philosophus comparatur poetae, est ista, quia uterque circa miranda versatur. Nam fabulae, circa quas versantur poetae, ex quibusdam mirabilibus constituuntur. Ipsi etiam philosophi ex admiratione moti sunt ad philosophandum. Et quia admiratio ex ignorantia provenit, patet quod ad hoc moti sunt ad philosophandum ut ignorantiam effugarent. Et sic deinde patet, quod scientiam, persecuti sunt, idest studiose quaesierunt, solum ad cognoscendum, et non causa alicuius usus idest utilitatis.

5 Notandum est autem, quod cum prius nomine sapientiae uteretur, nunc ad nomen philosophiae se transfert. Nam pro eodem accipiuntur. Cum enim antiqui studio sapientiae insistentes sophistae, idest sapientes vocarentur, Pythagoras interrogatus quid se esse profiteretur, noluit se sapientem nominare, sicut sui antecessores, quia hoc praesumptuosum videbatur esse; sed vocavit se philosophum, idest amatorem

sapientiae. Et exinde nomen sapientis immutatum est in nomen philosophi, et nomen sapientiae in nomen philosophiae. Quod etiam nomen ad propositum aliquid facit. Nam ille videtur sapientiae amator, qui sapientiam non propter aliud, sed propter seipsam quaerit. Qui enim aliquid propter alterum quaerit, magis hoc amat propter quod quaerit, quam quod quaerit.

6 Deinde cum dicit testatur autem probat idem per signum; dicens, quod hoc quod dictum est, scilicet quod sapientia vel philosophia non sit propter aliquam utilitatem quaesita, sed propter ipsam scientiam, testatur accidens, idest eventus, qui circa inquisitores philosophiae provenit. Nam cum eis cuncta fere existerent, quae sunt ad necessitatem vitae, et quae sunt ad pigritiam, idest ad voluptatem, quae in quadam vitae quiete consistit, et quae sunt etiam ad eruditionem necessaria, sicut scientiae logicales, quae non propter se quaeruntur, sed ut introductoriae ad alias artes, tunc primo incoepit quaeri talis prudentia, idest sapientia. Ex quo patet, quod non quaeritur propter aliquam necessitatem aliam a se, sed propter seipsam: nullus enim quaerit hoc quod habetur. Unde, quia omnibus aliis habitis ipsa quaesita est, patet quod non propter aliquid aliud ipsa quaesita est, sed propter seipsam.

7 Deinde cum dicit sed ut dicimus hic probat secundum, scilicet quod ipsa sit libera; et utitur tali ratione. Ille homo proprie dicitur liber, qui non est alterius causa, sed est causa suiipsius. Servi enim dominorum sunt, et propter dominos operantur, et eis acquirunt quicquid acquirunt. Liberi autem homines sunt suiipsorum, utpote sibi acquirentes et operantes. Sola autem haec scientia est propter seipsam: ergo ipsa sola est libera inter scientias.

8 Et notandum, quod hoc potest dupliciter intelligi. Uno modo quod hoc quod dicitur haec sola demonstret in genere omnem scientiam speculativam. Et tunc verum est quod solum hoc genus scientiarum propter seipsum quaeritur. Unde et illae solae artes liberales dicuntur, quae ad sciendum ordinantur: illae vero quae ordinantur ad aliquam utilitatem per actionem habendam, dicuntur mechanicae sive serviles. Alio modo, ut demonstret specialiter istam philosophiam, sive sapientiam, quae est circa altissimas causas; quia inter causas altissimas etiam est finalis causa, ut supra dictum est. Unde oportet, quod haec scientia consideret ultimum et universalem finem omnium. Et sic omnes aliae scientiae in eam ordinantur sicut in finem; unde sola ista maxime propter se est.

9 Deinde cum dicit propter quod hic probat tertium scilicet quod non sit humana. Et circa hoc duo facit.

Primo ostendit propositum. Secundo excludit quorumdam errorem, ibi, quare secundum Simonidem et cetera. Ostendit autem propositum suum tali ratione. Scientia, quae est maxime libera, non potest esse ut possessio naturae illius, quae multipliciter est ministra vel ancilla: humana autem natura in multis, idest quantum ad multa est ministra: ergo praedicta scientia non est humana possessio. Dicitur autem humana natura ministra, inquantum multipliciter necessitatibus subditur. Ex quo provenit, quod quandoque praetermittit id quod est secundum se quaerendum, propter ea quae sunt necessaria vitae; sicut dicitur in tertio topicorum, quod philosophari melius est quam ditari, licet ditari quandoque sit magis eligendum, puta indigenti necessariis. Ex quo patet, quod illa sapientia tantum propter seipsam quaeritur, quae non competit homini ut possessio. Illud enim habetur ab homine ut possessio, quod ad nutum habere potest, et quo libere potest uti. Ea autem scientia, quae propter se tantum quaeritur, homo non potest libere uti, cum frequenter ab ea impediatur propter vitae necessitatem. Nec etiam ad nutum subest homini, cum ad eam perfecte homo pervenire non possit. Illud tamen modicum quod ex ea habetur, praeponderat omnibus quae per alias scientias cognoscuntur.

10 Deinde cum dicit quare secundum hic excludit errorem cuiusdam Simonidis poetae, qui dicebat, quod soli Deo competit hunc honorem habere, quod velit illam scientiam, quae est propter seipsam quaerenda, et non propter aliud. Sed non est dignum viro, quod non quaerat illam scientiam quae est secundum suam conditionem, quae scilicet ordinatur ad necessaria vitae, quibus homo indiget.

11 Iste autem error Simonidis proveniebat ex aliquorum poetarum errore, qui dicebant, quod res divina invidet, et ex invidia ea quae ad honorem suum pertinent non vult Deus ab omnibus acceptari. Et si in aliis Deus hominibus invidet, multo magis est iustum in hoc, scilicet in scientia propter se quaesita, quae est honorabilissima inter omnia. Et secundum eorum opinionem, sequitur, quod omnes imperfecti sunt infortunati. Fortunatos enim esse homines dicebant ex providentia deorum, qui eis bona sua communicabant. Unde ex invidia deorum sua bona communicare nolentium, sequitur, quod homines extra perfectionem huius scientiae remanentes sint infortunati.

12 Sed radix huius opinionis est falsissima; quia non est conveniens, quod aliqua res divina invideat. Quod ex hoc patet, quia invidia est tristitia de prosperitate alicuius. Quod quidem accidere non potest, nisi quia

bonum alterius aestimatur ab invido ut proprii boni diminutio. Deo autem non convenit esse tristem, cum non sit alicui malo subiectus. Nec etiam per bonum alterius eius bonum diminui potest; quia ex eius bonitate, sicut ex indeficienti fonte, omnia bona effluunt. Unde etiam Plato dixit, quod a Deo est omnis relegata invidia. Sed poetae non solum in hoc, sed in multis aliis mentiuntur, sicut dicitur in proverbio vulgari.

13 Deinde cum dicit nec ea aliam ostendit quartum, scilicet quod haec scientia sit honorabilissima, tali ratione. Illa scientia est maxime honorabilis, quae est maxime divina, sicut etiam Deus honorabilior est rebus omnibus: sed ista scientia est maxime divina: ergo est honorabilissima. Minor sic probatur. Aliqua scientia dicitur esse divina dupliciter; et haec sola scientia utroque modo divina dicitur. Uno modo scientia divina dicitur quam Deus habet. Alio modo, quia est de rebus divinis. Quod autem haec sola habeat utrumque, est manifestum; quia, cum haec scientia sit de primis causis et principiis, oportet quod sit de Deo; quia Deus hoc modo intelligitur ab omnibus, ut de numero causarum existens, et ut quoddam principium rerum. Item talem scientiam, quae est de Deo et de primis causis, aut solus Deus habet, aut si non solus, ipse tamen maxime habet. Solus quidem habet secundum perfectam comprehensionem. Maxime vero

habet, inquantum suo modo etiam ab hominibus habetur, licet ab eis non ut possessio habeatur, sed sicut aliquid ab eo mutuatum.

14 Ex his autem ulterius concludit, quod omnes aliae scientiae sunt necessariae magis quam ista ad aliquam vitae utilitatem: minus enim sunt propter se quaesitae. Sed nulla aliarum dignior ista potest esse.

15 Deinde cum dicit oportet vero hic ponit terminum, in quem proficit ista scientia; et dicit quod ordo eius consistit vel terminatur ad contrarium eius quod erat in illis qui prius istam scientiam quaerebant. Sicut etiam in generationibus naturalibus et motibus accidit. Nam unusquisque motus terminatur ad contrarium eius a quo motus incipit. Unde, cum inquisitio sit motus quidam ad scientiam, oportet quod terminetur ad contrarium eius a quo incipit. Initiata est autem (ut praedictum est) inquisitio huius scientiae ab admiratione de omnibus: quia primi admirabantur pauciora, posteriores vero occultiora. Quae quidem admiratio erat, si res ita se haberet sicut automata mirabilia, idest quae videntur mirabiliter a casu accidere. Automata enim dicuntur quasi per se accidentia. Admirantur enim homines praecipue quando aliqua a casu eveniunt hoc modo, ac si essent praevisa vel ex aliqua causa determinata. Casualia enim non a causa sunt determinata, et admiratio est

propter ignorantiam causae. Et ideo cum homines nondum poterant speculari causas rerum, admirabantur omnia quasi quaedam casualia. Sicut admirantur circa conversiones solis, quae sunt duae; scilicet duos tropicos, hyemalem et aestivalem. Nam in tropico aestivali incipit sol converti versus meridiem, cum prius versus Septemtrionem tenderet. In tropico autem hyemali e converso. Et etiam circa hoc quod diameter non est commensurabilis lateri quadrati. Cum enim non mensurari videatur esse solius indivisibilis, sicut sola unitas est quae non mensuratur a numero, sed ipsa omnes numeros mensurat, mirum videtur si aliquid quod non est indivisibile non mensuratur; ac per hoc id quod non est minimum non mensuratur. Constat autem, quod diametrum quadrati et latus eius non sunt indivisibilia, sive minima. Unde mirum videtur si non sunt commensurabilia.

16 Cum ergo philosophiae inquisitio ab admiratione incipiat, oportet ad contrarium finire vel proficere; et ad id proficere quod est dignius, ut proverbium vulgare concordat, quo dicitur, quod semper proficere est in melius. Quid enim sit illud contrarium et dignius, patet in praedictis mirabilibus; quia quando iam homines discunt causas praedictorum, non mirantur. Ut geometer non admiratur si diameter sit incommensurabilis lateri. Scit enim causam huius; quia scilicet proportio quadrati diametri ad

quadratum lateris non est sicut proportio numeri quadrati ad numerum quadratum, sed sicut proportio duorum ad unum. Unde relinquitur, quod proportio lateris ad diametrum non sit sicut proportio numeri ad numerum. Et ex hoc patet quod commensurari non possunt. Illae enim solae lineae sunt commensurabiles, quarum proportio ad invicem est sicut proportio numeri ad numerum. Erit ergo finis huius scientiae in quem proficere debemus, ut causas cognoscentes, non admiremur de earum effectibus.

17 Patet igitur ex praedictis quae sit natura huius scientiae, quia est speculativa, libera, non humana, sed divina: et quae est eius intentio, qua oportet habere quaestionem et totam methodum et totam hanc artem. Intendit enim circa primas et universales rerum causas, de quibus etiam inquirit et determinat. Et propter harum cognitionem ad praedictum terminum pervenit, ut scilicet non admiretur cognitis causis.

Sancti Thomae de Aquino Sententia libri Metaphysicae

Liber 2 Lectio 1

1 Postquam philosophus reprobavit opiniones antiquorum philosophorum de primis principiis rerum, circa quae versatur principaliter philosophi primi intentio, hic accedit ad determinandum veritatem. Aliter autem se habet consideratio philosophiae primae circa veritatem, et aliarum particularium scientiarum. Nam unaquaeque particularis scientia considerat quamdam particularem veritatem circa determinatum genus entium, ut geometria circa rerum magnitudines, arithmetica circa numeros. Sed philosophia prima considerat universalem veritatem entium. Et ideo ad hunc philosophum pertinet considerare, quomodo se habeat homo ad veritatem cognoscendam.

2 Dividitur ergo ista pars in partes duas. In prima parte determinat ea quae pertinent ad considerationem

universalis veritatis. In secunda incipit inquirere veritatem de primis principiis et omnibus aliis, ad quae extenditur huius philosophiae consideratio; et hoc in tertio libro, qui incipit, necesse est nobis acquisitam scientiam et cetera. Prima autem pars dividitur in partes tres. In prima dicit qualiter se habet homo ad considerationem veritatis. In secunda ostendit ad quam scientiam principaliter pertineat cognitio veritatis, ibi, vocari vero philosophiam veritatis et cetera. In tertia parte ostendit modum considerandae veritatis, ibi, contingunt autem auditiones et cetera. Circa primum tria facit. Primo ostendit facilitatem existentem in cognitione veritatis. Secundo ostendit causam difficultatis, ibi, forsan autem et difficultate et cetera. Tertio ostendit quomodo homines se invicem iuvant ad cognoscendum veritatem, ibi, non solum autem his dicere et cetera. Circa primum duo facit. Primo proponit intentum, dicens, quod theoria, idest consideratio vel speculatio de veritate quodammodo est facilis, et quodammodo difficilis.

3 Secundo ibi signum autem manifestat propositum. Et primo quantum ad facilitatem. Secundo quantum ad difficultatem, ibi, habere autem totum et partem et cetera. Facilitatem autem in considerando veritatem ostendit tripliciter. Primo quidem hoc signo, quod licet nullus homo veritatis perfectam cognitionem adipisci possit, tamen nullus homo est ita expers

veritatis, quin aliquid de veritate cognoscat. Quod ex hoc apparet, quod unusquisque potest enuntiare de veritate et natura rerum, quod est signum considerationis interioris.

4 Secundum signum ponit ibi et secundum dicens quod licet id quod unus homo potest immittere vel apponere ad cognitionem veritatis suo studio et ingenio, sit aliquid parvum per comparationem ad totam considerationem veritatis, tamen illud, quod aggregatur ex omnibus coarticulatis, idest exquisitis et collectis, fit aliquid magnum, ut potest apparere in singulis artibus, quae per diversorum studia et ingenia ad mirabile incrementum pervenerunt.

5 Tertio manifestat idem per quoddam exemplum vulgaris proverbii, ibi quare si concludens ex praemissis, quod ex quo unusquisque potest cognoscere de veritate, licet parum, ita se habere videtur in cognitione veritatis, sicut proverbialiter dicitur: in foribus, idest in ianuis domorum, quis delinquet? Interiora enim domus difficile est scire, et circa ea facile est hominem decipi: sed sicut circa ipsum introitum domus qui omnibus patet et primo occurrit, nullus decipitur, ita etiam est in consideratione veritatis: nam ea, per quae intratur in cognitionem aliorum, nota sunt omnibus, et nullus circa ea decipitur: huiusmodi autem sunt prima

principia naturaliter nota, ut non esse simul affirmare et negare, et quod omne totum est maius sua parte, et similia. Circa conclusiones vero, ad quas per huiusmodi, quasi per ianuam, intratur, contingit multoties errare. Sic igitur cognitio veritatis est facilis inquantum scilicet ad minus istud modicum, quod est principium, per se notum, per quod intratur ad veritatem, est omnibus per se notum.

6 Deinde cum dicit habere autem manifestat difficultatem; dicens, quod hoc ostendit difficultatem quae est in consideratione veritatis, quia non possumus habere circa veritatem totum et partem. Ad cuius evidentiam considerandum est, quod hoc dixit omnibus esse notum, per quod in alia introitur. Est autem duplex via procedendi ad cognitionem veritatis. Una quidem per modum resolutionis, secundum quam procedimus a compositis ad simplicia, et a toto ad partem, sicut dicitur in primo physicorum, quod confusa sunt prius nobis nota. Et in hac via perficitur cognitio veritatis, quando pervenitur ad singulas partes distincte cognoscendas. Alia est via compositionis, per quam procedimus a simplicibus ad composita, qua perficitur cognitio veritatis cum pervenitur ad totum. Sic igitur hoc ipsum, quod homo non potest in rebus perfecte totum et partem cognoscere, ostendit difficultatem considerandae veritatis secundum utramque viam.

7 Deinde cum dicit forsan autem ostendit causam praemissae difficultatis. Ubi similiter considerandum est, quod in omnibus, quae consistunt in quadam habitudine unius ad alterum, potest impedimentum dupliciter vel ex uno vel ex alio accidere: sicut si lignum non comburatur, hoc contingit vel quia ignis est debilis, vel quia lignum non est bene combustibile; et similiter oculus impeditur a visione alicuius visibilis, aut quia est debilis aut quia visibile est tenebrosum. Sic igitur potest contingere quod veritas sit difficilis ad cognoscendum, vel propter defectum qui est in ipsis rebus, vel propter defectum qui est in intellectu nostro.

8 Et quod quantum ad aliquas res difficultas contingat in cognoscendo veritatem ipsarum rerum ex parte earum, patet. Cum enim unumquodque sit cognoscibile inquantum est ens actu, ut infra in nono huius dicetur, illa quae habent esse deficiens et imperfectum, sunt secundum seipsa parum cognoscibilia, ut materia, motus et tempus propter esse eorum imperfectionem, ut Boetius dicit in libro de duabus naturis.

9 Fuerunt autem aliqui philosophi, qui posuerunt difficultatem cognitionis veritatis totaliter provenire ex parte rerum, ponentes nihil esse fixum et stabile in

rebus, sed omnia esse in continuo fluxu ut infra in quarto huius dicetur. Sed hoc excludit philosophus, dicens, quod quamvis difficultas cognoscendae veritatis forsan possit secundum aliqua diversa esse dupliciter, videlicet ex parte nostra, et ex parte rerum; non tamen principalis causa difficultatis est ex parte rerum, sed ex parte nostra.

10 Et hoc sic probat. Quia, si difficultas esset principaliter ex parte rerum, sequeretur, quod illa magis cognosceremus, quae sunt magis cognoscibilia secundum suam naturam: sunt autem maxime cognoscibilia secundum naturam suam, quae sunt maxime in actu, scilicet entia immaterialia et immobilia, quae tamen sunt maxime nobis ignota. Unde manifestum est, quod difficultas accidit in cognitione veritatis, maxime propter defectum intellectus nostri. Ex quo contingit, quod intellectus animae nostrae hoc modo se habet ad entia immaterialia, quae inter omnia sunt maxime manifesta secundum suam naturam, sicut se habent oculi nycticoracum ad lucem diei, quam videre non possunt, quamvis videant obscura. Et hoc est propter debilitatem visus eorum.

11 Sed videtur haec similitudo non esse conveniens. Sensus enim quia est potentia organi corporalis, corrumpitur ex vehementia sensibilis. Intellectus

autem, cum non sit potentia alicuius organi corporei, non corrumpitur ex excellenti intelligibili. Unde post apprehensionem alicuius magni intelligibilis, non minus intelligimus minus intelligibilia, sed magis, ut dicitur in tertio de anima.

12 Dicendum est ergo, quod sensus impeditur a cognitione alicuius sensibilis dupliciter. Uno modo per corruptionem organi ab excellenti sensibili; et hoc locum non habet in intellectu. Alio modo ex defectu proportionis ipsius virtutis sensitivae ad obiectum. Potentiae enim animae non sunt eiusdem virtutis in omnibus animalibus; sed sicuti homini hoc in sua specie convenit, quod habeat pessimum olfactum, ita nycticoraci, quod habeat debilem visum, quia non habet proportionem ad claritatem diei cognoscendam.

13 Sic igitur, cum anima humana sit ultima in ordine substantiarum intellectivarum, minime participat de virtute intellectiva; et sicut ipsa quidem secundum naturam est actus corporis, eius autem intellectiva potentia non est actus organi corporalis, ita habet naturalem aptitudinem ad cognoscendum corporalium et sensibilium veritatem, quae sunt minus cognoscibilia secundum suam naturam propter eorum materialitatem, sed tamen cognosci possunt per abstractionem sensibilium a phantasmatibus. Et quia hic modus cognoscendi veritatem convenit

naturae humanae animae secundum quod est forma talis corporis; quae autem sunt naturalia semper manent; impossibile est, quod anima humana huiusmodi corpori unita cognoscat de veritate rerum, nisi quantum potest elevari per ea quae abstrahendo a phantasmatibus intelligit. Per haec autem nullo modo potest elevari ad cognoscendum quidditates immaterialium substantiarum, quae sunt improportionatae istis substantiis sensibilibus. Unde impossibile est quod anima humana huiusmodi corpori unita, apprehendat substantias separatas cognoscendo de eis quod quid est.

14 Ex quo apparet falsum esse quod Averroes hic dicit in commento, quod philosophus non demonstrat hic, res abstractas intelligere esse impossibile nobis, sicut impossibile est vespertilioni inspicere solem. Et ratio sua, quam inducit, est valde derisibilis. Subiungit enim, quoniam si ita esset, natura otiose egisset, quia fecit illud quod in se est naturaliter intelligibile, non esse intellectum ab aliquo; sicut si fecisset solem non comprehensum ab aliquo visu. Deficit enim haec ratio. Primo quidem in hoc, quod cognitio intellectus nostri non est finis substantiarum separatarum, sed magis e converso. Unde non sequitur, quod, si non cognoscantur substantiae separatae a nobis, quod propter hoc sint frustra. Frustra enim est, quod non consequitur finem ad quem est. Secundo, quia etsi

substantiae separatae non intelliguntur a nobis secundum suas quidditates, intelliguntur tamen ab aliis intellectibus; sicut solem etsi non videat oculus nycticoracis, videt tamen eum oculus aquilae.

15 Deinde cum dicit non solum ostendit quomodo se homines adinvicem iuvant ad considerandum veritatem. Adiuvatur enim unus ab altero ad considerationem veritatis dupliciter. Uno modo directe. Alio modo indirecte. Directe quidem iuvatur ab his qui veritatem invenerunt: quia, sicut dictum est, dum unusquisque praecedentium aliquid de veritate invenit, simul in unum collectum, posteriores introducit ad magnam veritatis cognitionem. Indirecte vero, inquantum priores errantes circa veritatem, posterioribus exercitii occasionem dederunt, ut diligenti discussione habita, veritas limpidius appareret.

16 Est autem iustum ut his, quibus adiuti sumus in tanto bono, scilicet cognitione veritatis, gratias agamus. Et ideo dicit, quod iustum est gratiam habere, non solum his, quos quis existimat veritatem invenisse, quorum opinionibus aliquis communicat sequendo eas; sed etiam illis, qui superficialiter locuti sunt ad veritatem investigandam, licet eorum opiniones non sequamur; quia isti etiam aliquid conferunt nobis. Praestiterunt enim nobis quoddam

exercitium circa inquisitionem veritatis. Et ponit exemplum de inventoribus musicae. Si enim non fuisset Timotheus qui multa de arte musicae invenit, non haberemus ad praesens multa, quae scimus circa melodias. Et si non praecessisset quidam philosophus nomine Phrynis, Timotheus non fuisset ita instructus in musicalibus. Et similiter est dicendum de philosophis qui enuntiaverunt universaliter veritatem rerum. A quibusdam enim praedecessorum nostrorum accepimus aliquas opiniones de veritate rerum, in quibus credimus eos bene dixisse, alias opiniones praetermittentes. Et iterum illi, a quibus nos accepimus, invenerunt aliquos praedecessores, a quibus acceperunt, quique fuerunt eis causa instructionis.

Lectio 2

1 Postquam philosophus ostendit qualiter se habet homo ad considerationem veritatis, hic ostendit quod cognitio veritatis maxime ad philosophiam primam pertineat. Et circa hoc duo facit. Primo ostendit, quod ad philosophiam primam maxime pertineat cognitio veritatis. Secundo excludit quamdam falsam opinionem, per quam sua probatio tolleretur, ibi, at vero quod sit principium. Circa primum duo facit.

Primo ostendit, quod ad philosophiam primam pertineat cognitio veritatis. Secundo quod maxime ad ipsam pertineat, ibi, nescimus autem verum sine causa et cetera. Haec autem duo ostendit ex duobus, quae supra probata sunt in prooemio libri: scilicet quod sapientia sit non practica, sed speculativa: et quod sit cognoscitiva causarum primarum.

2 Ex primo autem horum sic argumentatur ad primam conclusionem. Theorica, idest speculativa, differt a practica secundum finem: nam finis speculativae est veritas: hoc enim est quod intendit, scilicet veritatis cognitionem. Sed finis practicae est opus, quia etsi practici, hoc est operativi, intendant cognoscere veritatem, quomodo se habeat in aliquibus rebus, non tamen quaerunt eam tamquam ultimum finem. Non enim considerant causam veritatis secundum se et propter se, sed ordinando ad finem operationis, sive applicando ad aliquod determinatum particulare, et ad aliquod determinatum tempus. Si ergo huic coniunxerimus, quod sapientia sive philosophia prima non est practica, sed speculativa, sequetur quod recte debeat dici scientia veritatis.

3 Sed quia multae sunt scientiae speculativae, quae veritatem considerant, utpote geometria et arithmetica, fuit necessarium consequenter ostendere, quod philosophia prima maxime consideret

veritatem, propter id quod supra ostensum est, scilicet quod est considerativa primarum causarum. Et ideo argumentatur sic. Scientia de vero non habetur nisi per causam: ex quo apparet, quod eorum verorum, de quibus est scientia aliqua, sunt aliquae causae, quae etiam veritatem habent. Non enim potest sciri verum per falsum, sed per aliud verum. Unde et demonstratio, quae facit scientiam, ex veris est, ut dicitur in primo posteriorum.

4 Deinde adiungit quamdam universalem propositionem, quae talis est. Unumquodque inter alia maxime dicitur, ex quo causatur in aliis aliquid univoce praedicatum de eis; sicut ignis est causa caloris in elementatis. Unde, cum calor univoce dicatur et de igne et de elementatis corporibus, sequitur quod ignis sit calidissimus.

5 Facit autem mentionem de univocatione, quia quandoque contingit quod effectus non pervenit ad similitudinem causae secundum eamdem rationem speciei, propter excellentiam ipsius causae. Sicut sol est causa caloris in istis inferioribus: non tamen inferiora corpora possunt recipere impressionem solis aut aliorum caelestium corporum secundum eamdem rationem speciei, cum non communicent in materia. Et propter hoc non dicimus solem esse calidissimum sicut

ignem, sed dicimus solem esse aliquid amplius quam calidissimum.

6 Nomen autem veritatis non est proprium alicui speciei, sed se habet communiter ad omnia entia. Unde, quia illud quod est causa veritatis, est causa communicans cum effectu in nomine et ratione communi, sequitur quod illud, quod est posterioribus causa ut sint vera, sit verissimum.

7 Ex quo ulterius concludit quod principia eorum, quae sunt semper, scilicet corporum caelestium, necesse est esse verissima. Et hoc duplici ratione. Primo quidem, quia non sunt quandoque vera et quandoque non, et per hoc transcendunt in veritate generabilia et corruptibilia, quae quandoque sunt et quandoque non sunt. Secundo, quia nihil est eis causa, sed ipsa sunt causa essendi aliis. Et per hoc transcendunt in veritate et entitate corpora caelestia: quae etsi sint incorruptibilia, tamen habent causam non solum quantum ad suum moveri, ut quidam opinati sunt, sed etiam quantum ad suum esse, ut hic philosophus expresse dicit.

8 Et hoc est necessarium: quia necesse est ut omnia composita et participantia, reducantur in ea, quae sunt per essentiam, sicut in causas. Omnia autem corporalia sunt entia in actu, inquantum participant

aliquas formas. Unde necesse est substantiam separatam, quae est forma per suam essentiam, corporalis substantiae principium esse.

9 Si ergo huic deductioni adiungamus, quod philosophia prima considerat primas causas, sequitur ut prius habitum est, quod ipsa considerat ea, quae sunt maxime vera. Unde ipsa est maxime scientia veritatis.

10 Ex his autem infert quoddam corollarium. Cum enim ita sit, quod ea, quae sunt aliis causa essendi, sint maxime vera, sequitur quod unumquodque sicut se habet ad hoc quod sit, ita etiam se habet ad hoc quod habeat veritatem. Ea enim, quorum esse non semper eodem modo se habet, nec veritas eorum semper manet. Et ea quorum esse habet causam, etiam veritatis causam habent. Et hoc ideo, quia esse rei est causa verae existimationis quam mens habet de re. Verum enim et falsum non est in rebus, sed in mente, ut dicetur in sexto huius.

11 Deinde cum dicit at vero removet quoddam, per quod praecedens probatio posset infringi: quae procedebat ex suppositione huius, quod philosophia prima considerat causas primas. Hoc autem tolleretur si causae in infinitum procederent. Tunc enim non essent aliquae primae causae. Unde hoc hic removere

intendit: et circa hoc duo facit. Primo proponit intentum. Secundo probat propositum, ibi, mediorum enim extra quae est aliquid et cetera. Dicit ergo primo: palam potest esse ex his, quae dicentur, quod sit aliquod principium esse et veritatis rerum; et quod causae existentium non sunt infinitae, nec procedendo in directum secundum unam aliquam speciem causae, puta in specie causarum efficientium; nec etiam sunt infinitae secundum speciem, ita quod sint infinitae species causarum.

12 Exponit autem quod dixerat causas infinitas esse in directum. Primo quidem in genere causae materialis. Non enim possibile est procedere in infinitum in hoc, quod aliquid fiat ex aliquo, sicut ex materia, puta ut caro fiat ex terra, terra vero ex aere, aer ex igne, et hoc non stet in aliquo primo, sed procedat in infinitum. Secundo exemplificat in genere causae efficientis; dicens, quod nec possibile est ut causa, quae dicitur unde principium motus, in infinitum procedat: puta cum dicimus hominem moveri ad deponendum vestes ab aere calefacto, aerem vero calefieri a sole, solem vero moveri ab aliquo alio, et hoc in infinitum. Tertio exemplificat in genere causarum finalium; et dicit, quod similiter non potest procedere in infinitum illud quod est cuius causa, scilicet causa finalis; ut si dicamus quod iter sive ambulatio est propter sanitatem, sanitas autem propter felicitatem, felicitas

autem propter aliquid, et sic in infinitum. Ultimo facit mentionem de causa formali: et dicit quod similiter non potest procedi in infinitum in hoc quod est quod quid erat esse, idest in causa formali quam significat definitio. Sed exempla praetermittit, quia sunt manifesta, et probatum est in primo posteriorum, quod non proceditur in infinitum in praedicatis, puta quod animal praedicetur de homine in eo quod quid est, et vivum de animali, et sic in infinitum.